Philosophie de l'écologie :
Croissance verte ou décroissance ?

Collection « Sagesses d'hier et d'aujourd'hui »
L'histoire de la pensée écrite et racontée par Luc Ferry

Crédits couverture :
Photo Luc Ferry : © Rémy Cortin

Camille Corot, *Souvenir de Mortefontaine*, 1864,
© akg / De Agostini Pict. Lib.

Projet développé par :
Le Figaro et *Le Point*

ISBN : 978-2-8105-0526-5 (collection)
ISBN : 978-2-8105-0554-8 (volume 28)

Philosophie de l'écologie :
Croissance verte ou décroissance ?

par Luc Ferry

COLLECTION
SAGESSES D'HIER
ET D'AUJOURD'HUI

Je voudrais aujourd'hui aborder avec vous, d'un point de vue plus philosophique que politique, les questions qui touchent à l'écologie. Pour ouvrir ces réflexions, je commencerai par une remarque générale sur le statut qu'a reçu cette passion démocratique entre toutes qu'est la peur, avec la naissance de l'écologie politique dans les années 1970.

La peur au fondement de l'écologie

Depuis une quarantaine d'années, peut-être une cinquantaine, nous avons assisté, en Europe, à une tendance lourde assez frappante, assez problématique aussi, qui suscite, je crois, beaucoup d'interrogations : une véritable prolifération tous azimuts des peurs. Nous avons aujourd'hui, dans nos vieux pays occidentaux, peur de tout. Du sexe, de l'alcool, du tabac, de la vitesse en voiture, des côtes de bœuf, des volailles, des nanotechnologies, des micro-ondes, du trou dans la couche d'ozone, de la Turquie, de la mondialisation, des OGM, du réchauffement climatique, de mon ami Claude Allègre et de mille choses épouvantables encore. Mais ce qui est le plus frappant, c'est que cette prolifération des peurs – qui, encore une fois, accompagne la montée en puissance de l'écologie politique et du pacifisme en Europe du Nord depuis les années 1970 – s'est accompagnée d'un mouvement plus profond encore : un mouvement de déculpabilisation de la peur.

Prolifération et déculpabilisation de la peur

Lorsque j'étais enfant, on nous disait, à l'école comme chez nos parents, qu'un « grand garçon » ou une « grande fille », « ça n'a pas peur ». Que grandir, devenir une « grande personne », pour parler comme

Saint-Exupéry dans *Le Petit Prince*, c'était être capable de quitter ses parents pour aller vers le grand large, être capable de surmonter la peur du noir et même, le cas échéant, de se porter au secours d'une personne faible agressée dans un train ou dans un métro. Je ne dis pas que nous étions forcément au niveau, forcément courageux, mais c'était l'idée, en tout cas, qu'on essayait de faire passer dans les écoles comme dans les familles : parvenir à vaincre les peurs était l'une des tâches les plus éminentes qui fût pour tout adulte raisonnable. C'était d'ailleurs le message constant de la philosophie depuis les Grecs : la peur était toujours considérée comme une passion honteuse et infantile, une passion qui nous « coince », qui nous replie sur nous-mêmes et nous empêche tout à la fois de penser librement et de nous ouvrir aux autres. La peur, pour les sages grecs, c'était l'ennemi par excellence, le contraire de l'ouverture aux autres, de l'intelligence et de l'amour. Du reste, comme dit depuis toujours la sagesse des nations : « La peur est mauvaise conseillère. »

Sous l'effet de l'écologie politique, cette passion, naguère encore regardée comme funeste, a radicalement changé de statut dans nos sociétés modernes. Loin d'être regardée comme un signe d'infantilisme, elle est devenue le premier pas de la sagesse entendue au sens de ce fichu « principe de précaution » qu'on a inscrit dans la Constitution à mon grand désespoir lorsque j'étais ministre : c'était à mes yeux un symbole détestable, comme si on gravait l'idéologie du « risque zéro » et la sacralisation de la peur dans le marbre de nos édifices publics. Et ça n'avait rien d'anecdotique, c'était à mes yeux un changement de fond.

« La peur a aujourd'hui changé d'image : du statut de passion honteuse et infantile, elle est devenue la passion qui marque le premier pas vers la sagesse. »

Il existe un livre d'un philosophe allemand, mort il y a quelques années, qui a réellement compté dans l'histoire intellectuelle de l'écologie, notamment dans les grands pays d'Europe du Nord : je pense au livre de Hans Jonas, *Le Principe responsabilité*. Cet ouvrage, qui fut la bible des écologistes allemands, comprend un chapitre intitulé « heuristique de la peur » [1]. « Heuristique » : le mot vient du verbe grec *eurisko*, qui veut dire « je découvre » (comme dans le fameux *eurêka*, « j'ai trouvé », qu'on attribue à Archimède). Par-delà le jargon, cette notion d'heuristique de la peur signifie quelque chose de très profond, à savoir que c'est finalement grâce à la peur qu'on va découvrir les menaces qui pèsent sur l'environnement, prendre conscience des dangers qui planent sur le monde, que ce soit d'ailleurs sur le plan environnemental ou géopolitique. Le livre accompagnait la montée en puissance du pacifisme en Allemagne autant que de l'écologie. Souvenez-vous du fameux *lieber rot als tot* des pacifistes allemands : « Plutôt rouge que mort », slogan lancé quand l'Occident installait des Pershing pour se protéger des SS-20 soviétiques – épisode qui avait du reste fait dire au président Mitterrand cette phrase de grand bon sens : « Les SS-20 sont à l'est, les pacifistes à l'ouest. »

Sous l'effet de la montée en puissance de l'écologie politique, la peur a aujourd'hui changé d'image : du statut de passion honteuse et infantile, elle va devenir la passion qui marque le premier pas vers la sagesse, définie, comme je vous le disais à l'instant, par le principe de précaution. Il faut rappeler que ce principe lui-même, au fil du temps, a changé de sens. À l'origine, lorsque l'idée et le nom apparaissent pour la première fois, dans l'Allemagne des années 1970, le principe de précaution signifie simplement qu'il ne faut pas épuiser les richesses à tout va, qu'il faut faire attention à l'usure du monde, qu'il faut préserver les possibilités de vie des générations futures. Et puis, progressivement, ce principe va prendre le sens d'une espèce d'idéologie du risque zéro. Si jamais il y a le moindre danger, alors on ne fait plus rien et on s'enferme dans un préservatif, un tonneau de coton.

Déjà Machiavel, et plus encore Hobbes, présentaient la peur comme la passion la plus commune, celle sur laquelle le tyran – Léviathan ou Prince – doit s'appuyer pour museler le peuple et pour asseoir son pouvoir sur des bases solides [2]. Les passions communes, et la plus commune est sans doute la peur (mais il y a aussi la jalousie, la colère, l'indignation, par exemple), sont des auxiliaires du pouvoir infiniment plus fiables et plus efficaces que la police, l'armée ou les riches sur lesquels on avait l'habitude de s'appuyer mais qui peuvent toujours vous trahir ou vous faire défaut. La peur, c'est à la fois commun, démocratique – au sens où c'est un sentiment que tout le monde ressent – et fiable. Les écologistes, avec un sens politique très sûr, vont choisir très largement de s'appuyer sur elle pour essayer de faire passer leurs idées et augmenter leur influence dans la société. La question du statut de la peur me paraît en ce sens être un bon fil conducteur, une bonne entrée pour comprendre l'écologie politique contemporaine. Il n'est que de voir les films « écocatastrophiques » d'Al

Gore, Nicolas Hulot ou Yann Arthus-Bertrand pour s'en persuader.

DEUX QUESTIONS DE PHILOSOPHIE FONDAMENTALES

Ma deuxième remarque va nous faire entrer dans le vif du sujet, à vrai dire dans les profondeurs philosophiques de l'écologie : dans tous les pays occidentaux, que ce soit aux États-Unis, au Canada, en Allemagne, en France ou ailleurs, dans les grandes démocraties où l'écologie politique s'est développée, elle s'est scindée, structurée très profondément en deux grands courants fort opposés. Deux courants qui développent entre eux des polémiques parfois violentes, bien qu'il s'agisse de polémiques internes à l'écologie politique. J'y insiste : non pas entre anti-écolos et pro-écolos, mais à l'intérieur même de l'écologie. Il faut noter d'entrée de jeu que ces deux grands courants, présents dans tous les pays occidentaux sur deux questions philosophiques fondamentales, une question de philosophie politique et une question de métaphysique, de philosophie de la nature.

> *« On retrouve, au sein de l'écologie politique, le débat qui oppose socialistes et communistes, entre réforme et révolution. »*

La première, c'est la question du rapport à la modernité, à la démocratie occidentale, disons au libéralisme entendu au sens politique et économique du terme.

Ce modèle démocratico-libéral, qui domine l'Occident aujourd'hui, est-il tenable ou pas ? Telle est la question de fond. Est-il réformable ou faut-il, au contraire, le changer du tout au tout, entrer dans un tout autre modèle de développement, mais aussi, plus généralement, de pensée et de vie ? On retrouve ainsi, importé pour ainsi dire au cœur de l'écologie contemporaine, le vieux débat qui opposait depuis toujours socialistes et communistes, entre réforme et révolution, les uns voulant réformer, corriger en quelque sorte les effets pervers du monde libéral/démocratique, les autres voulant, au contraire, changer radicalement de modèle.

La deuxième grande question sur laquelle les écologistes vont se séparer violemment est celle des « droits de la nature ». On passe d'une question de philosophie politique (réforme *versus* révolution) à une interrogation plus fondamentale, proprement métaphysique : l'humanité est-elle sur la planète le seul sujet de droit, la seule entité porteuse de valeurs ? Est-elle vraiment, comme le pensent encore les réformistes, le centre du monde ? Est-ce pour l'humanité seule qu'on doit travailler à protéger la nature, à protéger la planète, ou cette dernière n'a-t-elle pas une valeur intrinsèque, indépendamment de nous ? Ne faut-il pas, par conséquent, renverser les termes de l'anthropocentrisme classique, tel qu'il s'exprime par exemple dans les diverses déclarations des droits de l'homme, et accepter l'idée que l'humanité, non seulement n'est pas le centre, l'essentiel, mais au contraire, si on regarde les choses objectivement, la seule espèce vraiment nuisible, polluante, la seule espèce vivante capable de détruire la planète ? Dans ces conditions, le véritable sujet de droit, le véritable et essentiel centre de l'univers, n'est-ce pas, plutôt que l'humanité, la planète elle-même, Gaïa, comme disaient les Grecs, personnifiant ainsi ce grand sujet de droit que pourrait et devrait être la nature elle-même, la planète en tant que telle ?

À bien y réfléchir, ainsi continue l'argumentation des écologistes radicaux – et vous voyez ici en quel sens les deux questions, bien que différentes, sont liées entre elles : les arbres, les animaux et les hommes ne sont pour ainsi dire que des « produits dérivés », la planète étant première par rapport à eux, de sorte qu'elle est, dans cette perspective aussi, la première entité à protéger. Du coup, dans ce renversement de perspective radical par rapport à l'humanisme classique, l'espèce humaine n'est pas forcément l'espèce à protéger en premier lieu, attendu qu'elle est, j'y reviens, l'espèce dévastatrice par excellence, la seule qui, comme le disaient les Grecs, soit capable de pécher par *hybris*, par démesure, par orgueil, par cette arrogance prométhéenne qui menace sans cesse de dévaster la Terre. Je vous citerai dans quelques instants des textes d'écologistes radicaux, notamment du commandant Cousteau, qui vont dans ce sens de manière assez sidérante. Vous verrez que je n'exagère pas.

Mais auparavant, je voudrais reprendre et approfondir encore ces deux questions pour vous montrer comment l'écologie politique s'est séparée sur ces deux sujets philosophiques d'une réelle profondeur.

Les deux écologies

Je ne chercherai pas, dans cet exposé, à ironiser, quoi que je puisse en penser par-devers moi. Je voudrais seulement essayer, de manière aussi objective que possible, de comprendre ces arrière-fonds philosophiques de l'écologie politique, saisir ce qu'il y a au plus profond de ces deux débats. Chacun pourra à partir de là se faire l'opinion qu'il voudra.

Critique de la modernité

Commençons par le débat sur la modernité, sur le monde libéral, démocratique, capitaliste – peu importe comment on l'appelle : il est aujourd'hui, en Occident, globalement les trois à la fois et je ne vais pas reprendre ici la question trop usée de savoir si, et dans quelle mesure exacte, le libéralisme politique est séparable ou inséparable du libéralisme économique. Il est clair que, de fait, ils sont liés dans toutes les grandes démocraties occidentales et qu'il n'y a à cette liaison aucune exception.

Fundis et Realos

Comme je vous le disais, l'écologie politique s'est séparée entre deux grandes tendances. Ce qu'il faut maintenant ajouter, c'est qu'elles ont reçu, aux États-Unis et en Allemagne, des dénominations très significatives. En Allemagne, on parle des *Fundis* et des *Realos*. Nul besoin, je crois, de traduire en français ni d'être germaniste pour comprendre.

Les *Fundis* sont les fondamentalistes, ceux qui veulent la révolution et pas simplement corriger le tir, réformer le système : ils veulent changer à sa racine le système politico-économique. Ils sont donc à la fois révolutionnaires et, *stricto sensu*, antihumanistes, en ce sens qu'ils plaident pour les droits de la nature, de la planète, avant, sinon contre ceux de l'humanité.

De l'autre côté, on trouve donc les *Realos*, c'est-à-dire ceux qui sont à la fois réformistes et humanistes en ce sens qu'ils pensent que c'est malgré tout pour l'homme, pour protéger l'espèce humaine, qu'il faut réformer le système de développement capitaliste afin de le rendre « durable » ou, pour mieux dire, « tenable ». Comme vous voyez, on retrouve bien, sur le plan écologique, la bonne vieille opposition entre les sociaux-démocrates et les communistes. Les sociaux-démocrates veulent corriger le tir, réformer la société capitaliste en corrigeant ses effets pervers, tout en gardant une société de marché ; les communistes veulent abolir la propriété privée et sont révolutionnaires.

Aux États-Unis et au Canada, dans le vocabulaire anglo-saxon, on va retrouver exactement la même dichotomie qu'en Allemagne entre les *Fundis* et les *Realos* : on a les *Deep ecologists* et les *Shallow ecologists*. Les *Deep ecologists* sont les écologistes profonds, les radicaux, ceux qui veulent changer le système ; les *Shallow ecologists* sont ceux qui veulent simplement modifier le système, corriger le tir, réguler le développement, corriger ses effets pervers. En France, l'idée révolutionnaire était assez bien exprimée par un ancien leader des

Verts, Alain Lipietz, qui avait publié un livre commençant par cette phrase, qui m'avait frappée par son caractère d'aveu presque comique : « Je suis arrivé aux Verts par le Rouge. » Ça veut dire qu'il venait du maoïsme, qu'il était un « rouge » au départ, mais que, voyant combien le maoïsme s'était effondré, combien c'était une catastrophe humaine abominable, le seul moyen pour lui de continuer la lutte révolutionnaire contre le système capitaliste, c'était de passer du maoïsme à l'écologie. Et c'est d'ailleurs de là que vient la façon dont les *Realos* désignent les *Fundis*, qu'ils appellent les « pastèques » : verts à l'extérieur, rouges à l'intérieur. Le mouvement anticapitaliste/altermondialiste est largement l'héritage, aujourd'hui, de cette tradition-là.

Les métaphores de la décroissance et de la révolution conservatrice

Du côté des *Realos*, des *Shallow ecologists*, on avait en France, face aux Verts, Génération Écologie, qui était dirigée, si vous vous en souvenez, par Brice Lalonde, personnage qui a disparu aujourd'hui du monde politico/médiatique, mais qui représentait à l'époque, dans les années 1990, cette écologie réformiste, humaniste et sociale-démocrate contre l'écologie révolutionnaire incarnée par les Verts. Lorsque j'ai publié *Le Nouvel Ordre écologique* [1] – c'était au début des années 1990 et, je le dis sans arrogance aucune, j'étais le premier en France à introduire ces distinctions, encore complètement inconnues du public français, y compris cultivé –, j'avais beaucoup travaillé la tradition de l'écologie allemande, mais aussi américaine et canadienne. J'étais allé sur place pendant plusieurs mois, dans les universités

1. Voir bibliographie.

allemandes, américaines et canadiennes, pour réunir une documentation considérable que j'ai rapportée à Paris. J'ai traduit quantité de textes qui n'étaient pas encore traduits, notamment les lois nazies sur la protection de la nature et des animaux, et je me souviens qu'au moment de la sortie du *Nouvel Ordre écologique*, j'avais été invité dans une émission, *La Marche du siècle*, animée par un homme qui, lui aussi, a un peu disparu du paysage médiatique, Jean-Marie Cavada. Cavada m'avait opposé, comme on fait toujours dans ce genre d'émission, à des personnalités qui étaient bien sûr en désaccord avec moi. Il y avait là Antoine Waechter, leader des Verts à l'époque ; mais aussi Susan George, une femme d'ailleurs sympathique et courtoise, qui était la présidente de Greenpeace France. J'avais donc en face de moi, au sens propre, deux « fondamentalistes » verts, très hostiles à mon livre parce que ce dernier était très critique à l'égard des *Fundis* et des *Deep ecologists*. C'est dans ce contexte qu'ils m'ont fait cadeau en direct – car c'est bien comme ça que je le prends, ça m'a été très utile – de deux métaphores qui indiquent bien la différence entre ces deux courants.

Ces deux métaphores, je vais vous les livrer, parce que c'est un bon moyen mnémotechnique pour se souvenir de cette dichotomie et de la signification profonde qu'elle revêt. Antoine Waechter, au cours du débat que nous avions ensemble, m'a dit en substance ceci : « Quand la baignoire déborde, les imbéciles mettent des serpillières et des serviettes autour ; les gens intelligents ferment le robinet. » Malgré l'apparence, la métaphore est en réalité d'une grande profondeur. Le terme « imbéciles », bien entendu, visait Génération Écologie et Brice Lalonde, c'est-à-dire les réformistes, qui veulent simplement corriger le système, mettre des serviettes autour de la baignoire ; fermer le robinet, c'était une métaphore des *Fundis*, en vérité déjà une métaphore de la décroissance. À l'époque, on ne parlait pas encore vraiment de décroissance, on parlait plutôt de « croissance zéro ». C'était un héritage du fameux « rapport Meadows », un rapport produit par le Club de Rome qui, pour la première fois, plaidait pour la croissance zéro. Aujourd'hui, on parlerait plutôt de décroissance, mais c'était déjà, au fond, la même idée : la fermeture du robinet, c'est-à-dire l'idée que, de toute façon, le développement économique tel que le conçoivent les sociétés occidentales n'est pas durable, pas tenable. Il n'y a pas de développement durable possible, cette notion est une imposture totale : il faut changer de système. Le système capitaliste est un système dévastateur en soi, intrinsèquement parlant, on ne peut pas le corriger, mettre des serpillières autour de la baignoire est idiot : il faut fermer le robinet.

À son tour, Susan George – mes contradicteurs étaient décidément très en verve – me donna une autre métaphore, tout aussi parlante – peut-être même plus profonde encore parce qu'elle ajoute à celle de Waechter l'idée de révolution conservatrice, et, avec les *Fundis*, c'est tout à fait de ça qu'il s'agit. Elle me dit ceci :

> Luc Ferry, quand vous êtes sur l'autoroute et que vous voulez aller à Marseille ou à Nice, et que vous voyez constamment des panneaux « Lille-Bruxelles », c'est que vous êtes dans la mauvaise direction ! C'est que vous allez vers le Nord au lieu d'aller vers le Sud. Eh bien, dans ces conditions-là, ralentir ne sert à rien, il faut faire demi-tour. L'imbécile ralentit, l'homme intelligent fait demi-tour.

Superbe métaphore de la révolution conservatrice. Du reste, « révolution », étymologiquement, c'est le

« demi-tour », le *u-turn*. Juxtaposées, les deux métaphores, celle de la serpillière, d'un côté, celle du demi-tour « révolutionnaire », de l'autre, marquent parfaitement la différence entre *Fundis* et *Realos*, entre écologistes réformistes et écologistes radicaux.

> *« Pour les écologistes fondamentalistes, la notion de "développement durable" est une imposture des gouvernements occidentaux. Il faut changer de système. »*

Il faut rappeler que, à l'époque, un film avait connu sur le même thème un immense succès, d'ailleurs un beau film, d'un point de vue strictement cinématographique : *Danse avec les loups*, avec un grand acteur, Kevin Costner, dans le rôle du héros. Le film racontait l'histoire d'un soldat pendant la guerre de Sécession, envoyé vers ce que les romantiques américains appelaient la *wilderness*. La *wilderness*, c'est l'état sauvage entendu au sens de l'état de nature, c'est aussi ce qu'on appelle la « frontière » dans la mythologie américaine, la limite entre le monde civilisé, le monde des affreux *Yankees*, et celui encore vierge, sauvage et naturel, peuplé par ce que les Américains appellent aujourd'hui les *Native Americans*, c'est-à-dire les Indiens, ceux qui sont nés là et qu'on appelait autrefois de manière significative les « naturels ». Comme de bien entendu, le film montre toute l'horreur de la civilisation moderne, la folie dévastatrice de ces *Yankees* qui débarquent dans le Grand Ouest et qui, à l'image d'un Buffalo Bill, déciment de manière absurde les bisons alors que les

Native Americans, les indigènes, ne prélèvent que deux ou trois bêtes pour passer l'hiver et maintiennent la nature en l'état. D'un côté, c'est l'image de l'humanité qui dévaste la planète, humanité moderne, capitaliste ; de l'autre, c'est l'image de l'homme intégré à la nature, le *men in planet*, l'homme en harmonie avec la Terre qui ne prélève que ce dont il a besoin. D'un côté, l'*hybris*, pour parler comme les Grecs, la démesure dévastatrice ; de l'autre, l'intégration, le respect des choses de ce monde par des humains qui se perçoivent encore avec sagesse comme les membres de ce grand organisme vivant qu'on appelle Gaïa, la Terre.

La question des droits de la nature

On voit bien ici comment l'opposition s'est structurée entre les deux courants de l'écologie contemporaine autour de cette question du rapport à la modernité. Mais on voit immédiatement aussi le lien avec le deuxième sujet, à savoir la question dite des « droits de la nature ». Je vais vous citer un texte d'un des grands théoriciens de l'écologie profonde, parmi de nombreux que j'ai traduits dans *Le Nouvel Ordre écologique*, texte qui fait justement la transition entre ces deux problématiques. Il s'agit d'une analyse de Bill Devall, philosophe américain et l'un des premiers et principaux théoriciens de l'écologie profonde. Je vous citerai après un autre texte, de Michel Serres, qui en est pour ainsi dire la traduction française, et qui lui aussi défendra ces thèses fondamentalistes dans un livre qu'il publiera beaucoup plus tard, en 1990 : *Le Contrat naturel.* Mais Bill Devall, d'abord, pour respecter la chronologie :

> Il y a deux grands courants écologistes dans la deuxième moitié du XXe siècle. Le premier est réformiste, il

essaie de contrôler les pollutions de l'eau ou de l'air les plus criantes, d'infléchir les pratiques agricoles les plus aberrantes dans les nations industrialisées, de préserver quelques-unes des zones sauvages qui subsistent encore, en en faisant des zones classées. L'autre courant défend lui aussi de nombreux objectifs en commun avec les réformistes, mais il est révolutionnaire. Il vise une métaphysique, une épistémologie, une cosmologie nouvelles, ainsi qu'une nouvelle éthique environnementale du rapport personne-planète. L'écologie profonde, à la différence de l'environnementalisme de type réformiste, n'est pas simplement un mouvement social pragmatique, orienté vers le court terme, avec pour but de stopper l'énergie nucléaire ou de purifier les cours d'eau. Non, son objectif premier est de remettre en question les modèles de pensée conventionnels dans l'Occident moderne et d'y proposer une alternative.

Je trouve ce texte fort intéressant. On peut y lire aussi la naissance, sur le plan intellectuel, du mouvement altermondialiste. Il s'agit bien de proposer une alternative qui se veut « nouvelle », parce que ce n'est pas forcément le communisme, ça peut être autre chose, mais en tout cas certainement pas un simple réformisme.

Avant de vous citer le texte de Michel Serres, qui va dans le même sens, je voudrais faire quelques remarques sur ce nouveau clivage portant, donc, sur la question des droits de la nature. Il y a trois positions sur cette question – et je précise bien que ces trois positions se situent à l'intérieur de l'écologie : il ne s'agit pas d'opposer des anti-écologistes à des écologistes, mais bien de voir comment le mouvement écologiste s'est lui-même divisé.

L'écologie de surface

La première position est celle des *Shallow ecologists*. Que veut dire, si on l'approfondit un peu, cette notion d'« écologie de surface » ? Il ne s'agit pas seulement de signifier que cette écologie-là est réformiste, mais qu'elle considère encore la nature, la planète tout entière, comme étant l'*environnement* d'un centre. Le mot « environnement » renvoie bien implicitement à l'idée de « centralité », à l'existence d'un centre. Quel centre ? Le centre, c'est bien sûr l'humanité. Ce que vont lui opposer les *Deep ecologists*, les *Fundis*, c'est que parler d'environnement au lieu de parler de la nature, de la planète ou de la Terre, c'est déjà, implicitement, prendre un parti anthropocentriste – « homocentriste », comme disent les *Deep ecologists* américains dans leur jargon bien particulier. L'idée, c'est que seul l'être humain, seule l'humanité est vraiment sujet de droit. D'ailleurs, la nature ne peut pas se défendre toute seule, elle est objet de droit, éventuellement, mais pas sujet de droit. Le seul sujet véritable, c'est l'humanité dont la nature, la planète, n'est que l'environnement, c'est-à-dire à proprement parler la périphérie d'un centre. Dans cette perspective « superficielle », si nous devons protéger la nature – car tous, évidemment, sont écologistes, il s'agit bien de protéger la nature –, c'est pour protéger, finalement, l'espèce humaine, y compris d'elle-même quand elle dévaste la Terre. Mais la nature n'est que l'environnement, elle n'est pas un sujet de droit, elle n'est pas le centre, mais la périphérie. Parler d'environnement, c'est donc déjà, fût-ce implicitement, même si on n'y réfléchit pas, prendre un parti *Shallow ecologist – Realo* et pas *Fundi*.

« Le mouvement écologiste est divisé sur la question des droits de la nature. Est-elle sujet ou objet de droit ? »

L'héritage de l'utilitarisme anglais

La deuxième position fait déjà un pas de plus vers l'attribution à la nature du statut de sujet de droit : c'est l'utilitarisme anglais tel qu'il est mis en place par Jeremy Bentham dès le XVIIIe siècle. Nous en avions parlé dans la leçon consacrée à la philosophie anglo-saxonne, et notamment à l'utilitarisme. Quelle est l'idée des utilitaristes et qu'est-ce qui fait qu'ils vont ajouter un nouveau sujet de droit, en dehors de l'humanité ? L'utilitarisme part d'un principe fondamental – je l'avais expliqué assez longuement, donc je n'y reviens pas, sinon très rapidement pour ceux qui n'auraient pas suivi cette leçon –, c'est qu'une action est bonne quand elle tend à augmenter la somme de bonheur dans l'univers, la somme de bonheur global, ou, ce qui revient au même, quand elle tend à diminuer la somme globale de souffrance. Si vous partez de ce principe-là pour fonder la morale – et c'est la deuxième idée qui anime l'utilitarisme, en dehors de ce principe général, qui est un principe de lutte en faveur du bien-être et en défaveur de la souffrance globale –, alors tous les êtres qui sont capables d'éprouver du plaisir et de la peine, tous les êtres qui sont susceptibles de souffrir, sont des sujets de droit. À l'évidence, sauf si on est cartésien et qu'on pense que les animaux sont des machines, des automates, ce qui évidemment est absurde, tous les êtres capables de souffrir, d'éprouver du plaisir et de la peine, sont des sujets de droit – et les animaux, en tout cas les vertébrés, les biologistes sont tous d'accord là-dessus aujourd'hui, sont bel et bien capables de plaisir et de peine. Comme le dit Peter Singer, un des plus grands représentants de ce mouvement utilitariste aujourd'hui, donc de défense du droit des animaux : « Un intérêt est un intérêt quel que soit l'être dont il est l'intérêt. » Par exemple, ajoute-t-il, la souris a intérêt à ne pas prendre des coups de pied du petit garçon qui va sur le chemin de l'école, alors que le caillou ou l'arbre n'y a pas d'intérêt. Même si elle ne peut pas exprimer ses intérêts comme un être humain peut le faire, elle est quand même un sujet de droit, parce qu'elle éprouve du plaisir et de la peine, de la souffrance en l'occurrence. On doit protéger les souris autant que les humains. « Autant » ne veut pas dire de la même manière, mais à proportion de leur capacité à éprouver du plaisir ou de la peine. Du coup, le problème qui se pose dans la pratique, dans ce qu'on appelle l'éthique appliquée, est celui du calcul des plaisirs et des peines [**3**]. Je le laisse de côté, j'en reste au principe.

Le mythe de Prométhée

La troisième idée, qui anime déjà l'utilitarisme, mais qui va faire la transition avec l'écologie profonde – c'est d'ailleurs une idée que Stuart Mill argumentera à partir des réflexions sur la démocratie de son ami Tocqueville –, c'est celle que tout le mouvement des démocraties depuis le XVIIIe siècle au moins – c'est ce que reprendra Michel Serres dans son *Contrat naturel* – consiste à attribuer le statut de sujet de droit à des êtres qui en étaient injustement privés auparavant. Les Noirs étaient considérés par les Européens comme des êtres inférieurs, comme des esclaves ; puis ils sont devenus finalement à leurs yeux des humains authentiques, des sujets de droit. Les femmes n'avaient pas le droit de vote, puis elles ont réussi, par leurs luttes, à l'obtenir. Même chose pour les fous, les enfants, etc. L'idée, c'est que la démocratie progresse en transformant des objets de droit en sujets de droit. Après le tour des Noirs et des femmes, le tour des animaux est venu. D'où la fondation du MLA, le Mouvement de la libération animale, calqué sur le MFL, le Mouvement de libération des femmes. En France, ça peut scandaliser ou faire rire ; aux États-Unis ou au Canada, il va de soi pour les écologistes profonds que le Mouvement de la libération animale est légitimement calqué sur le Mouvement de la libération des femmes et qu'il a la même légitimité.

> *« L'idée des écologistes les plus radicaux, c'est que la démocratie progresse en transformant des objets de droit en sujets de droit. »*

De là le troisième étage, dans cette problématique des droits de la nature, où l'on va aller jusqu'au bout de la logique pour attribuer enfin à la planète tout entière, à Gaïa, pour parler comme Lovelock [4 et 5], le statut de véritable sujet de droit. Dans cette perspective, les arbres, les animaux et les humains viennent après Gaïa. Et les humains, à vrai dire, en dernier. Pourquoi en dernier ? Je le suggérais tout à l'heure, les humains viennent en dernier parce qu'ils forment – on pense alors au fameux mythe de Prométhée – la seule espèce vivante qui soit capable d'inventer les moyens techniques et scientifiques de détruire la planète. Les lapins, les ours et les lions ne savent pas le faire. Les humains, c'est, par excellence, l'espèce qui pèche par *hybris.* Je vous rappelle que Prométhée, fils de Titan, frère d'Épiméthée, va voler le feu et les arts – au sens des techniques – aux dieux. Il vole le feu à Héphaïstos, le roi des forgerons, et vole les arts et les techniques à Athéna, déesse de l'intelligence et de la guerre. Prométhée donne les arts et le feu aux êtres humains, ce qui leur permet de se prendre aussitôt pour l'égal des dieux ou presque. Il ne leur manque plus que l'immortalité pour être à leur niveau. Grâce à ce feu et à ces techniques, ils vont être capables de développer des moyens de modifier le cours du monde, l'organisation du cosmos, depuis l'agriculture et l'industrie jusqu'à la bombe atomique qui menace la planète et l'humanité elle-même de destruction. C'est donc bien la seule espèce qui soit capable de pécher par *hybris*, la seule qui pose un vrai problème sur le plan écologique. Voilà pourquoi Gaïa vient en tête, les arbres en second, les animaux en troisième et l'espèce humaine en dernier !

En finir avec l'espèce humaine ?

Je voudrais vous lire quelques textes qui vont aller jusqu'au bout de cette problématique, en tirer les conséquences ultimes avec l'idée que, au final, l'espèce humaine est l'espèce détestable entre toutes, celle dont il faut limiter drastiquement le nombre. C'est en ce sens qu'on va commencer à parler de la « bombe D », la « bombe démographique » : il faut s'opposer à la prolifération de l'espèce humaine. Quand il y a trop de ces petits rats américains qu'on appelle les lemmings, les épidémies ou les suicides – les suicides de lemmings sont un phénomène bien connu des éthologues – en régulent le nombre. L'espèce humaine, au contraire, depuis qu'elle a inventé le capitalisme, se développe au point de menacer la planète de destruction. C'est pourquoi il faut la limiter, par la force s'il le faut.

La Terre comme sujet de droit

Je vais commencer par un entretien accordé par Michel Serres au *Courrier de l'Unesco*, au moment de la sortie de son *Contrat naturel* (encore une fois, vous trouverez, si vous le souhaitez, les références exactes de toutes ces citations dans mon livre, *Le Nouvel Ordre écologique*) :

> Il y a un lien à inventer entre l'humanité en train de créer son unité [allusion à la mondialisation] et cet objet

nouveau qu'est la planète Terre. C'est ce lien – qui entraîne une obligation nouvelle – que j'appelle le contrat naturel. Nous pourrons parler des obligations lorsque les procès auront lieu. On a vu déjà des procès entre les utilisateurs d'un parc et le parc lui-même [allusion à un célèbre procès américain : la compagnie Disney veut s'installer dans un parc naturel et les associations d'écologistes se portent partie civile en faveur du parc, contre Disney. C'est un procès que les écologistes ont présenté comme celui du parc lui-même contre la firme de Disney] : le voilà érigé en sujet de droit. Dès qu'il y aura des procès de ce type et une jurisprudence, elle établira peu à peu de telles obligations. Le droit n'existait pas en ces domaines, il faut donc le penser, d'abord philosophiquement, puis juridiquement, enfin, politiquement [1].

Et, bien sûr, Michel Serres se perçoit comme le philosophe qui va le premier penser ce statut de sujet de droit qu'on attribue à la nature [**6**]. En vérité, Michel Serres – je ne veux pas être désobligeant, c'est juste une remarque factuelle, pour rétablir une chronologie qui a son importance – ne fait que traduire ce qu'on trouve déjà depuis des années dans la littérature allemande, canadienne et américaine consacrée à l'écologie profonde, alors encore inconnue en France. L'intervieweur, qui manifestement ignore tout de cette littérature et qui est donc un peu surpris par l'audace du propos, pose alors à Michel Serres cette question : « La Terre doit-elle être considérée comme un sujet ? » – sous-entendu : comme sujet de droit. Voici la réponse de mon collègue :

Tel est précisément le problème principal qui se pose au philosophe : comment un objet peut-il devenir un

1. Michel Serres, entretien avec François-Bernard Huyghe, *Le Courrier de l'Unesco*, décembre 1993, p. 5.

sujet ? Tous les progrès du droit ont consisté à considérer des choses qui étaient des objets et à en faire des sujets : les esclaves, qui étaient des objets, sont devenus des sujets de droit, de même les enfants, les embryons… Chaque fois que le droit avance, il transforme ainsi des objets en sujets. La planète était un objet et je propose d'en faire un sujet. C'est une nouveauté qui n'est pas sans susciter des résistances, mais en philosophie il faut apprendre à résister aux idées reçues, à accepter de rendre compte d'un état nouveau de la question [1].

En vérité, ce n'est pas si nouveau que ça. Michel Serres, qui enseigne aux États-Unis, baigne dans cette idéologie dominante dans les universités californiennes, comme vont vous le montrer les quelques textes américains que je vais citer maintenant.

Par exemple, celui-ci, de Roderick Nash, un des grands théoriciens du mouvement *Deep ecology*, publié en 1977 – treize ans avant *Le Contrat naturel* – et qui s'intitule tout simplement : *Do Rocks Have Rights ?* (*Les Rochers ont-ils des droits ?*) :

> Les rochers ont-ils des droits ? Si vient un jour l'époque où cette conception n'apparaîtra plus comme ridicule pour un grand nombre d'entre nous, nous serons alors sur la voie d'un changement de système de valeurs qui rendra peut-être possibles des décisions permettant d'en finir avec la crise écologique. Souhaitons qu'il soit encore temps [2].

Et ce théoricien de l'écologie profonde plaide pour l'idée que les rochers ont des droits, c'est-à-dire très exactement pour l'idée de contrat naturel.

---

1. *Ibid.*, p. 5-6.
2. Cité in Luc Ferry, *Le Nouvel Ordre écologique*, Paris, Grasset, p. 139.

Voici, dans le même sens, un autre texte, de Stan Rowe, intitulé de manière très caractéristique *Crimes Against the Ecosphere* (*Crimes contre l'écosphère*). L'écosphère, c'est le nom moderne de Gaïa, la planète. L'article en question s'inscrit dans le contexte d'un débat canadien portant sur un rapport qui avait été commandé par la Commission fédérale des lois sur la question de savoir s'il peut exister des crimes contre l'environnement. Et, déjà, parler d'environnement paraît, aux écologistes profonds – je vous ai indiqué pourquoi tout à l'heure –, un parti pris détestable :

> Le rapport intitulé « Crime contre l'environnement » accepte le parti pris anthropocentriste (homocentrique) traditionnel selon lequel l'environnement n'est rien d'autre que ce que suggère son étymologie : le simple contexte qui entoure les choses de plus grandes valeurs, à savoir les gens. En ce sens vulgaire, l'environnement n'est que périphérique et son concept est intrinsèquement péjoratif. Il est donc logique, dans ces conditions, que la défense de l'environnement ne soit conçue qu'en termes d'utilité pour les hommes. Il n'est qu'une « valeur sociale et un droit », non une chose possédant une valeur intrinsèque. Mon argumentation consiste à montrer que seule l'alternative inverse – à savoir la reconnaissance de la valeur intrinsèque de l'environnement [il devrait dire : de la planète, en l'occurrence, sinon il se contredit lui-même, mais enfin, c'est sans doute pour se faire comprendre...] et, par suite, de ses droits propres, fournit une base incontestable pour le protéger contre les crimes de dégradation et de déprédation [1].

1. *Ibid.*

LA QUESTION DE L'ANTIHUMANISME : DIMINUER MASSIVEMENT L'ESPÈCE HUMAINE

Rowe prend alors pour cible – et ce sera un lieu commun de toute cette littérature *Fundi* aux États-Unis, en Allemagne et au Canada, la Déclaration française des droits de l'homme et le cartésianisme présentés, du reste à juste titre, comme la quintessence de l'anthropocentrisme et de l'humanisme modernes :

> La Déclaration française des droits de l'homme et du citoyen a défini la liberté comme le fait de n'être en aucun cas restreint dans son droit à faire n'importe quoi (sans doute au monde naturel) du moment que cela n'interfère pas avec les droits d'autrui. Dans le sillage de ce sentiment populaire [...], George Grant a défini le libéralisme comme l'ensemble des croyances procédant du postulat central d'après lequel l'essence de l'homme serait sa liberté et que, par suite, son affaire principale dans la vie serait de façonner le monde conformément à sa volonté. On tient là le principe normatif qui est à l'origine de la destruction massive de l'environnement qui a lieu partout où la culture occidentale fait sentir son influence – destruction que seule la reconnaissance des droits et de la valeur intrinsèques de la nature peut contrecarrer [1].

Vous voyez ici s'établir clairement le lien entre les deux problématiques que j'ai évoquées en commençant : il faut reconnaître des droits à Gaïa, à la planète et, du coup, il faut, contre la modernité démocratico-libérale, être révolutionnaire, c'est-à-dire proposer un modèle alternatif, au sens allemand du terme, c'est-à-dire totalement différent de celui du développement capitaliste, qui ne sera jamais durable.

---

1. *Ibid.*, p. 141.

Voici maintenant la réfraction française de cette idéologie fondamentaliste, telle qu'on la trouvera exprimée, par exemple, dans le livre d'Antoine Waechter, *Dessine-moi une planète* :

> Le mot « nature » est expurgé de tous les discours, comme s'il était indécent, ou tout au moins puéril, d'évoquer ce qu'il désigne. Le terme d'« environnement » s'est imposé, apparemment plus crédible. Ce choix n'est pas neutre. Étymologiquement, le mot « environnement » désigne ce qui environne et, dans le contexte plus précisément, ce qui environne l'espèce humaine. Cette vision anthropocentriste est conforme à l'esprit de notre civilisation conquérante dont la seule référence est l'homme et dont toute l'action tend à une maîtrise totale de la Terre. Cette conception est l'un des points de rupture fondamentaux avec la philosophie écologiste qui appréhende l'être humain comme un organisme parmi des millions d'autres et considère que toutes les formes de vie ont un droit à une existence autonome [1].

On retrouve bien entendu aussi la même idéologie dans les *Chroniques de Greenpeace* (1979) – les dates sont importantes : les Allemands et les Américains sont allés bien au-delà et bien avant les Français sur ces sujets :

> Les systèmes de valeurs humanistes doivent être remplacés par des valeurs suprahumanistes qui placent toute vie végétale et animale dans la sphère de prise en considération légale et morale. Et, à la longue, que cela plaise ou non à tel ou tel, il faudra bien recourir le cas échéant à la force pour lutter contre ceux qui continuent de détériorer l'environnement [2].

---

1. Antoine Waechter, *Dessine-moi une planète. L'écologie maintenant ou jamais*, Paris, Albin Michel, 1990, p. 151.

2. Cité par Luc Ferry, in *Le Nouvel Ordre écologique*, *op. cit.*, p. 110.

On voit ici comment l'attribution de droits à la nature, la critique des droits de l'homme et de l'humanisme moderne, finissent insensiblement par conduire vers des politiques qui, de manière explicite, en appellent à la violence pour faire passer leurs idées.

Mais continuons encore vers ce qui devient, selon l'humeur, amusant ou effrayant. Je vais essayer de ne pas ironiser, même si ça m'est un peu difficile quand je cite cet entretien accordé au *Courrier de l'Unesco* par le commandant Cousteau, dont nous avons tous admiré, étant enfants, les films, notamment *Le Monde du silence*. Face à l'amour de la nature qui habite le célèbre commandant au point de lui faire respecter toutes les formes de vie quelles qu'elles soient, le journaliste, malgré tout un peu désarçonné, lui pose la question suivante : « Il y a quand même des espèces animales qui constituent des menaces ou des nuisances pour l'homme, comme certains serpents, certains moustiques. Peut-on les éliminer comme on tente d'éliminer les virus responsables de telle ou telle maladie ? » Réponse de Cousteau (chaque mot vaut son pesant d'or, parce qu'il faut aussi savoir lire entre les lignes, bien qu'il ne soit nul besoin d'être extralucide pour saisir ce que Cousteau pense sans tout à fait oser le dire) :

> L'élimination des virus relève d'une idée noble, mais elle pose à son tour d'énormes problèmes. Entre l'an 1 et l'an 1400, la population n'a pratiquement pas changé. À travers les épidémies, la nature compensait les abus de la natalité par des abus de mortalité. J'avais discuté de cette question avec le directeur de l'Académie des sciences en Égypte, il m'a dit que les scientifiques étaient épouvantés à l'idée que, en l'an 2080, la population de l'Égypte puisse atteindre 250 millions. Nous voulons éliminer les souffrances, les maladies, l'idée est belle, mais

> n'est peut-être pas tout à fait bénéfique sur le long terme. Il est à craindre que l'on ne compromette ainsi l'avenir de notre espèce. C'est terrible à dire, il faut que la population mondiale se stabilise et, pour cela, il faudrait éliminer 350 000 hommes par jour. C'est si horrible à dire qu'il ne faut même pas le dire, mais c'est l'ensemble de la situation dans laquelle nous sommes engagés qui est lamentable [1].

Vaste programme, en effet. Les écologistes américains allaient tout à fait dans le même sens, bien avant Cousteau. Je vous cite un texte – mais, là encore, ne croyez pas que ce sont des textes controuvés, il y en a des milliers d'autres dans le même sens. J'en ai traduit beaucoup, venant des États-Unis ou d'Allemagne, et je puis vous dire que plus je traduisais, plus j'étais ébahi par ce que je trouvais. Ça dépassait, si je puis dire, toutes mes craintes et toutes mes espérances d'écrivain.

Je vous cite William Aiken, qui se réfère notamment à Lovelock : « Une mortalité humaine massive serait une bonne chose. Il est de notre devoir de la provoquer. C'est le devoir de notre espèce vis-à-vis de notre milieu d'éliminer 90 % de nos effectifs. »

---

1. Entretien avec le commandant Cousteau, *Le Courrier de l'Unesco*, novembre 1991.

« Le fondamentalisme de certains écologistes les pousse à souhaiter une mortalité humaine massive afin de diminuer l'impact négatif de l'espèce sur la planète. »

Encore une fois, je pourrais facilement ironiser ou afficher ma réprobation morale face à ce genre de propos, mais ce serait inutile et sans intérêt. Ce qu'il faut comprendre et que je voulais vous montrer en citant ces textes – si je ne les citais pas exactement, beaucoup penseraient que j'exagère ! –, c'est la logique implacable qui conduit à ces assertions délirantes : c'est que le renversement de perspective par rapport à l'écologie humaniste et réformiste, qui parle en effet d'environnement, ce renversement de perspective, donc, qu'introduit la *Deep ecology* conduit tout naturellement à considérer que, l'espèce humaine étant la seule espèce vivante capable de pécher par *hybris*, par démesure, la seule capable de détruire la planète, il faut la réduire, par la force et de manière massive s'il le faut. Dans cette perspective-là, en effet, une mortalité humaine serait une bonne chose ! C'est exactement ce que pense Cousteau, même s'il ne le dit qu'à mots couverts : il ne faut pas aller soigner les maladies en Afrique, il faut laisser les virus et les microbes faire leur travail de régulation de la population africaine. J'avoue qu'il faut une certaine audace – je ne veux pas employer d'autres termes – pour aller dire ça dans *Le Courrier de l'Unesco*.

L'ANTINOMIE DE L'ÉCOLOGIE CONTEMPORAINE

Le paysage global de cette divergence de vue entre les écologistes sur ces deux questions que je viens d'évoquer – celle du rapport à la modernité et celle des droits de la nature – étant bien posé, je voudrais revenir à la question de départ, c'est-à-dire à la question de la peur et du principe de précaution. Parce que cette question, au fond, leur est commune. Qu'il s'agisse des *Fundis* ou des *Realos*, de toute façon, la peur est leur instrument de prédilection. Non seulement ils ont peur, mais ils veulent aussi faire peur, ils veulent transmettre la peur, avec cette conviction que c'est la passion qui fera prendre conscience à l'humanité des menaces qui pèsent sur le monde. De là, comme je vous le disais, la multiplication de ces films éco-catastrophiques qui sont destinés à faire prendre conscience, à réveiller l'humanité avant qu'il ne soit trop tard. Et le meilleur moyen de la réveiller, à leurs yeux, bien évidemment, c'est la peur.

LES DEUX RESSORTS DE LA PEUR

Là aussi, on pourrait ironiser à bon compte – et j'avoue que je l'ai fait un peu au début de cet exposé –, mais je ne tiens pas à continuer dans la voie de l'ironie. Il faut comprendre, ironiser ne sert à rien. On peut se moquer, dire que « la peur n'est pas bonne conseillère », mais ça n'a guère d'intérêt si on ne comprend pas ce qui la motive au plus profond. Car il y a une logique de la peur. Si on veut la combattre, et si on veut combattre, par exemple, la sacralisation du principe de précaution qui devient paralysant quand il tend vers le risque zéro, il vaut mieux analyser les ressorts d'où vient la peur, essayer d'aller au fond des choses pour répondre aussi au fond des choses. Hors de la polémique, donc, et du persiflage.

Je crois que la peur qui anime l'écologie, et que l'écologie veut instiller dans la société, dans l'opinion publique, repose sur deux tendances lourdes, deux convictions fortes, qu'on ne peut pas moquer, parce qu'il y a malgré tout un fond de vérité dedans.

La croissance mondiale est intenable

Il y a, d'un côté, le sentiment que la croissance mondiale est intenable, qu'on va en effet dévaster la planète, que le capitalisme est un système de développement infini qui va inévitablement épuiser les ressources naturelles non renouvelables et que l'entrée de l'Inde et de la Chine dans ce système économico-politique, avec deux milliards et demi d'individus qui sortent de la misère et rentrent dans le développement sur le même modèle que l'Occident, est terriblement problématique.

L'impuissance publique

Et puis il y a un deuxième sentiment de fond, une deuxième tendance lourde, sur laquelle on peut s'appuyer pour faire peur, ou même pour avoir peur, c'est le sentiment que, dans le contexte de la mondialisation, l'impuissance publique augmente ; que, à la vérité, les pouvoirs publics des États-nations sont de plus en plus impuissants, qu'ils sont incapables de réguler le monde, sur les plans financier, économique ou écologique.

« On a le sentiment que, dans la mondialisation, les leviers des politiques nationales ne lèvent plus rien du tout. »

Des institutions comme le G20 semblent elles aussi impuissantes, incapables de prendre des décisions telles que la suppression des paradis fiscaux ou la création d'une « taxe Tobin » – la taxe sur les transactions financières. L'Allemagne et la France sont d'accord pour la mettre en place, mais ne parviennent pas à l'imposer. Il y a toujours un Anglais ou un Américain pour être contre. Même chose, par exemple, pour la séparation des banques de dépôt et des banques d'investissement. C'est un serpent de mer, on en parle sans arrêt, mais ça ne se fait pas. Le G20 n'est pas une instance de gouvernance à proprement parler, c'est une instance de discussion. De la même manière, les sommets mondiaux de l'écologie, depuis Johannesburg et tant d'autres, n'ont d'autre effet que de polluer la planète et dépenser notre argent. On n'y prend aucune décision qui tienne vraiment. On a le sentiment que, dans la mondialisation, les leviers des politiques nationales ne lèvent plus rien du tout. Je ne développe pas ce thème, je l'ai déjà exposé dans des leçons précédentes, et même à plusieurs reprises, mais l'idée est évidemment forte. Décider la « taxe carbone » dans un seul pays, par exemple, est absurde. S'imaginer que parce qu'on va, nous, Français, se tirer une balle dans le pied, les Chinois et les Indiens vont s'empresser d'en faire autant, c'est l'arrogance française par excellence. C'est comme les trente-cinq heures. Faire les trente-cinq heures dans un seul pays n'a aucun sens. S'imaginer que, parce que la France, géniale et isolée à l'image d'Astérix, propose une taxe carbone ou les trente-cinq heures, les Indiens et les Chinois vont forcément en faire autant prête franchement à rire. Que les Français plombent leur économie avec cette idée que, parce qu'on est vertueux, les autres vont l'être aussi, fait hurler de rire le monde entier. Non que je sois contre une taxe carbone en soi, mais elle doit être au minimum européenne, voire occidentale, pour avoir un sens, pas seulement française. Si on veut prendre des décisions réellement utiles en matière de finance, d'économie ou d'écologie, ça ne peut pas se faire au niveau des seuls États-nations, mais des grandes régions, de l'Union européenne ou du monde. Certainement pas au niveau d'un seul pays, et ce pour des raisons structurelles, qui n'ont rien d'anecdotique ni de contingent.

La dépossession démocratique : l'exemple des OGM

Nous trouvons là une illustration de ce que j'ai appelé la « dépossession démocratique », c'est-à-dire le sentiment que le monde vous échappe, que nos politiques, nos représentants, sont incapables de le réguler, de conduire l'Histoire.

Le meilleur exemple, dans le domaine de l'écologie, est celui des OGM. Personne n'a jamais réussi à démontrer – et surtout pas la fameuse équipe de Caen, dont les travaux ont été disqualifiés par toutes les instances scientifiques du monde entier – la dangerosité des organismes génétiquement modifiés, pas même du maïs de Monsanto, qui est sans doute le plus problématique de tous. Pourtant, on voit que, dans les grands pays démocratiques, en France comme ailleurs, 70 ou 80 % de nos concitoyens considèrent que ces OGM sont potentiellement dangereux, et en ont peur.

Pourquoi ? Ce n'est pas la dangerosité du maïs OGM qui fait peur à proprement parler – et là, les écologistes sont très habiles –, ce qui fait peur, c'est la perte de contrôle, le sentiment de dépossession. Pourquoi ? Dans la littérature sur les OGM, c'est très frappant : constamment revient la référence à Frankenstein et à Prométhée. Que signifient au fond ces allusions ? Que signifie le mythe de Frankenstein, un mythe religieux, théologique, bien antérieur à l'histoire que raconte Mary Shelley ? C'est d'abord et avant tout l'histoire d'une dépossession, d'une créature qui échappe à son créateur. Le docteur Frankenstein fabrique son monstre en partant de cadavres auxquels il redonne vie par l'électricité du ciel. Qu'est-ce que cela signifie d'un point de vue théologique ? Qu'il pèche par *hybris*, par démesure, par orgueil. Il se prend pour Dieu, seul être habilité à donner la vie. Et il va être puni, comme tout être humain qui se prend pour un dieu dans la tradition grecque : sa punition, c'est que sa créature va lui échapper. La créature échappe à son créateur et menace de dévaster la Terre. Si on applique ce schéma mythique au maïs OGM, on voit que le savant, le docteur Folamour, fabrique lui aussi un être vivant nouveau, son organisme génétiquement modifié, mais le pollen, transporté par le vent jusqu'à cent ou cent cinquante kilomètres, va polluer les champs environnants de sorte que l'OGM échappe tout à fait au contrôle de son créateur. C'est un mythe de la dépossession.

De même que l'histoire nous échappe, que la politique nous échappe au sein de l'univers mondialisé, de même l'OGM nous échappe. Et c'est cette dépossession, cette perte de contrôle qui fait peur. Les écologistes jouent à fond sur cette problématique de la perte de contrôle, de la dépossession démocratique, aussi bien sur le plan politique, s'agissant de la régulation, que sur des exemples comme celui, idéal-typique, des organismes génétiquement modifiés.

Il y a encore une autre raison à la prolifération des peurs, raison qui n'est pas négligeable et qui, je crois, touche un vrai problème : ce que j'appellerai l'« antinomie de l'écologie contemporaine ». Qu'est-ce qu'une « antinomie » ? Dans la logique classique, c'est une opposition entre deux thèses qui sont absolument contradictoires mais toutes deux vraies. C'est une espèce d'oursin intellectuel : on ne sait pas par où l'attraper, ça pique de partout. Il y a une contradiction absolue entre deux thèses, mais au lieu qu'il y en ait une vraie et l'autre fausse, selon le principe logique du « tiers exclu », elles sont toutes les deux vraies. Quelles sont, en l'occurrence, ces deux thèses ? Je vous les indique d'entrée de jeu avant de les argumenter et de les étayer.

Dans l'état actuel du monde, du capitalisme mondial, le développement économique est intenable. Il faudra plusieurs planètes pour alimenter la croissance indienne et chinoise si elle continue au rythme actuel et, de fait, l'Inde et la Chine, et avec ces pays quelques autres tels le Brésil ou la Russie, mais aussi bientôt l'Afrique, entrent dans le système capitaliste de plain-pied. La croissance mondiale va donc, ainsi pensent les écologistes, épuiser la planète, épuiser les ressources naturelles non renouvelables – je vais étayer cet argument tout à l'heure ; en même temps – voilà le deuxième volet de l'antinomie –, la décroissance est impossible et, en toute hypothèse, même pour ceux qui voudraient y croire, elle est politiquement « invendable ». Nul ne peut sérieusement proposer la décroissance dans un programme politique. Il n'y a qu'à regarder ce qui se passe en Grèce, où la décroissance est déjà là : ce sont des faillites d'entreprise, du chômage, de la misère humaine, de sorte qu'aucun – je dis bien aucun – gouvernement dans le monde, aujourd'hui, ne propose une politique de décroissance.

> *« D'un côté, le développement économique qu'exige le capitalisme actuel est intenable, de l'autre, la décroissance est politiquement "invendable". C'est l'antinomie à laquelle est confrontée l'écologie contemporaine. »*

On peut toujours être comme le fou dont parle David Hume, qui se prend pour un œuf et qui croit que les autres lui en veulent quand ils tentent de lui expliquer qu'il n'est pas tout à fait un œuf ; on peut toujours penser qu'on a raison contre le monde entier – c'est ce que font les théoriciens de la décroissance –, mais il y a quand même des raisons pour lesquelles aucun ministre des Finances et de l'Économie dans le monde ne propose la décroissance. Voyez d'ailleurs chez nous le président Hollande, qui est bien obligé de s'accommoder d'écologistes qui voudraient la décroissance, mais qui n'a, lui, que le mot « croissance » à la bouche. Il plaide sans cesse pour un pacte de croissance en Europe, pour une relance de l'économie. Il y a là, manifestement, un problème.

Trois remarques sur le réchauffement climatique

Je reviendrai tout à l'heure plus en profondeur sur cette antinomie touchant à l'épuisement possible des richesses naturelles non renouvelables, mais je voudrais dire d'emblée pourquoi elle me paraît être la vraie question de l'écologie contemporaine. Ce n'est pas celle du réchauffement climatique qui est cruciale aujourd'hui, contrairement à ce qu'on dit un peu partout. Elle a « marché », si je puis dire, parce qu'elle présentait un gros avantage, celui d'être globale, mondiale. En parlant du réchauffement global de la planète, on pouvait mobiliser tous les acteurs politiques, d'Obama au président chinois en passant par le Premier ministre japonais et les chefs d'État européens. On était dans le mondial, donc, en principe, tout le monde était concerné. Et puis, partout dans le monde, cela faisait travailler des équipes de chercheurs qui avaient évidemment intérêt à faire monter la sauce pour être financés.

Je précise aussitôt que ne suis absolument pas climato-sceptique. Je prends même les chiffres du Groupe intergouvernemental d'études sur le climat (GIEC) au pied de la lettre, je ne les conteste même pas, je les accepte par hypothèse. Mais, même si on prend les chiffres du GIEC, il me semble évident, à y réfléchir un peu calmement, que ce n'est pas la question principale. Je vous renvoie au livre que j'ai publié chez Odile Jacob sur ce sujet, *Querelles écologiques et choix politiques* [1], un livre dans lequel vous trouverez le compte rendu d'un séminaire sur le réchauffement climatique que j'avais organisé dans le cadre du Conseil d'analyse de la société que je préside à Matignon. C'était un séminaire passionnant, parce que j'y avais invité des climatologues comme Jean Jouzel, vice-président du GIEC, mais aussi ceux qu'on appelle les climato-sceptiques, Vincent Courtillot et Claude Allègre. J'avais invité aussi Yves Cochet, un des meilleurs théoriciens de la décroissance aujourd'hui, un homme dont je ne partage pas les idées, mais pour lequel j'ai de l'estime, parce que c'est un homme à la fois courtois et rationaliste – il argumente calmement, de sorte qu'on peut vraiment discuter avec lui non seulement de manière agréable, mais sur le fond. J'ai réuni toutes ces contributions et quelques autres, dont celle de Patrick Artus, sur l'épuisement des ressources naturelles, dans ce livre auquel je vous renvoie. J'y insiste pour que les choses soient claires : je ne suis pas du tout climato-sceptique. J'ai écouté Jean Jouzel avec grand intérêt et je prends – encore une fois par hypothèse, par principe – les chiffres du GIEC tels qu'il nous les a donnés. Or, que nous dit le GIEC ? Que, depuis une cinquantaine d'années, le réchauffement global de la planète – si tant est que la notion de réchauffement global ait un sens – aurait été d'environ 0,7 degré. J'accepte ces chiffres comme un constat.

Mais il me semble que, à ce constat, que certains contestent mais que je prends, encore une fois, comme une hypothèse plausible, on peut opposer une interrogation, un fait incontestable et une réflexion de fond.

1. Voir bibliographie.

Je le dis très rapidement, avant de revenir à notre antinomie qui, elle, à mes yeux, pose un vrai problème dont je regrette qu'on ne s'y attache pas davantage alors qu'on se préoccupe sans cesse du climat.

Un doute subsiste sur l'origine humaine du réchauffement climatique

L'interrogation, tout d'abord, porte sur la question de savoir si ce réchauffement climatique est vraiment dû aux activités humaines et, si oui, dans quelles proportions. Il y a beaucoup de doutes sur ces deux sujets. Quand j'ai posé la question à Jean Jouzel, sa réponse, que je cite exactement – je n'en change pas une virgule –, fut la suivante : « Je suis certain, à 90 % qu'au moins 50 % du réchauffement est dû aux activités humaines. »

J'avoue que j'ai beaucoup de peine à donner un sens précis et clair à cette formule. Si nous étions dans un procès à l'américaine, l'avocat de la défense dirait immédiatement : « Vous êtes certain à 90 %, ce qui veut donc dire que vous n'êtes pas tout à fait certain, qu'il y a un doute. » À quoi Jean Jouzel serait bien obligé de répondre, d'après sa propre formule, que oui, en effet, il y a un doute. Ce qui prouve bien que le débat est encore ouvert sur la question de l'origine, voire des origines éventuellement multiples du réchauffement climatique. Car c'est un doute dont on nous dit qu'il porte sur « 50 % au moins », pas sur la totalité de ce réchauffement. Ça veut donc dire qu'il y a d'autres causes. Quelle est la place de ces autres causes dans le réchauffement climatique ? Il faut en parler aussi, le débat doit donc continuer. Encore une fois : c'est à dessein, par méthode, que je pars des chiffres du GIEC lui-même et des propos exacts de son vice-président, Jean Jouzel.

Le climat ne se réchauffe pas depuis quelques années

Deuxième remarque, le fait est incontestable, et là encore ce sont les chiffres du GIEC, pas ceux des climato-sceptiques : dans la période 1998-2012, il n'y a pas eu d'augmentation significative du réchauffement climatique. On est, depuis près de quinze ans, sur un plateau, on stagne. Il faut sur ce point (comme sur les autres, bien sûr, mais celui-là est particulièrement crucial) être parfaitement honnête et objectif : ce plateau est très élevé, il se situe à un haut niveau de chaleur. En d'autres termes, nous sommes bien dans les années les plus chaudes qu'on ait connues depuis un siècle, c'est tout à fait vrai, et, là encore, vous voyez, je ne songe nullement à le nier. Pourtant, et c'est tout de même un fait essentiel, il n'y a pas d'augmentation significative du réchauffement climatique, alors qu'il y a évidemment une augmentation considérable, depuis 1998, des gaz à effet de serre et, en particulier, du CO_2.

> *« Comment expliquer que le climat ne se réchauffe pas depuis quelques années et stagne – certes, à un niveau très élevé – alors que l'activité humaine ne cesse de s'intensifier ? »*

D'où, évidemment, l'interrogation suivante, qui vient renforcer la première : s'il y a une stagnation du réchauffement alors qu'il y a augmentation des gaz à effet de serre, est-ce qu'on est bien certain que c'est l'activité humaine qui a engendré ce réchauffement ? Et si oui, dans quelle proportion ? J'ai là encore posé clairement la question à Jean Jouzel, qui a prononcé devant tout mon Conseil cette phrase que je rapporte et que je lui ai bien fait préciser – il ne s'agit pas de trahir sa pensée : « Si ce plateau dure encore dix ans, si le réchauffement n'augmente pas, Allègre et Courtillot [c'est-à-dire les principaux climato-sceptiques dans ce débat] ont raison. Mais, bien évidemment, a ajouté Jean Jouzel, je pense que ça continuera d'augmenter. » Soit, alors attendons et voyons. Le débat, ici aussi, reste ouvert.

Faut-il vraiment craindre les conséquences du réchauffement climatique ?

Vient enfin le troisième point, une réflexion plus au fond : je pense que lorsque le GIEC dit qu'il y aura entre deux et quatre degrés d'augmentation du réchauffement global d'ici cent ans – ce sont ses prévisions officielles –, j'ai envie de dire un peu brutalement : *So what* ? Et alors ? Si on a trois degrés d'augmentation – je prends la moyenne –, que se passera-t-il de si catastrophique ? On me dit : « Il y a des îles qui disparaîtront. » Eh bien, bonjour dans les Alpes, leurs habitants viendront sur les montagnes. Je veux dire par là qu'on a vu d'autres catastrophes plus importantes dans l'histoire de l'humanité : le nazisme, les Khmers rouges, la République populaire chinoise ont été des catastrophes autrement plus effrayantes et plus dévastatrices que ce fichu réchauffement climatique. En admettant même qu'il soit réel et dû aux activités humaines, faut-il détruire toute la civilisation occidentale pour l'éviter ? Je n'en suis pas sûr. Et, c'est là que Claude Allègre a raison : qu'est-ce que ça veut dire une prévision à cent ans ? Revenez même seulement cinquante ans en arrière : que savait-on des gaz de schiste, de la génétique moderne, de la découverte de la double hélice de l'ADN (c'était en 1957, avec Watson et Crick) ? Que savait-on de l'ordinateur ou des téléphones portables ? De la voiture électrique ? Rien du tout, ou pas grand-chose. Par définition, on en ignorait tout ou presque. Essayer de prédire l'état du monde à cent ans me semble à proprement parler dénué de sens. Que des scientifiques puissent s'amuser à ça par hypothèse intellectuelle, soit, mais enfin, gardons l'idée d'hypothèse totalement fictive à l'esprit et essayons de nous attaquer aux problèmes réels du temps présent. Pour le réchauffement, si tant est qu'il soit avéré et que son origine soit identifiée, on a le temps, tandis que l'antinomie à laquelle je reviens nous plonge dans une réelle urgence.

La croissance mondiale en quelques chiffres

C'est donc elle, à mes yeux, qui devrait être au cœur du débat des écologistes, beaucoup plus que le réchauffement climatique. N'étaient les raisons politico-médiatiques, on ne parlerait, en vérité, que de cela. J'y reviens donc : en l'état de nos connaissances, et à échelle non pas de cent ans, mais de vingt ou trente ans (et là, les prévisions ont encore du sens), la croissance mondiale est intenable tandis que la décroissance est invendable. Je reprends maintenant les deux thèses et je les argumente.

Quelques chiffres. Il y a, aujourd'hui, en Inde, dix voitures pour mille habitants ; en Chine, quarante voitures pour mille habitants. J'emprunte ces chiffres, toujours, à ce volume que j'ai publié chez Odile Jacob, et notamment à l'article passionnant de Patrick Artus, un de nos plus grands économistes, qui porte directement sur cette question de l'épuisement des ressources naturelles non renouvelables. Je disais donc qu'il y a quarante voitures pour mille habitants en Chine, six cents voitures pour mille habitants en Europe, et neuf cents voitures pour mille habitants aux États-Unis ! Et encore, si c'était la Californie seule, ce serait plus que ça. Vous voyez bien que, dans cette perspective-là, la croissance est, en effet, intenable. Lorsque les Chinois et les Indiens auront le même nombre de voitures par tête de pipe que nous, la planète sera dévastée, toutes choses égales par ailleurs. Et ça ira très vite ! Si, aujourd'hui, les Chinois et les Indiens avaient le même nombre de voitures par habitant que nous, c'est d'un seul coup toute la production d'acier, de pétrole, de plastique – que sais-je encore ? – qui partirait directement vers la Chine et l'Inde et ce serait, à la limite, un motif de guerre mondiale pour les États-Unis ! On a là un vrai problème. Je force peut-être un peu le trait en parlant de guerre, mais je crois que c'est la tendance. Alors, on dit : « Vive la voiture électrique, le scooter électrique, le vélo électrique ! » Fort bien, mais, là encore, tout dépend de la manière dont on produit l'électricité. Un vélo ou un scooter électrique en Chine, c'est l'équivalent d'une locomotive à vapeur en France en termes d'émission de CO_2. Un scooter ou un vélo électrique en Allemagne, c'est l'équivalent d'un 4 x 4 en France. Pourquoi ? Parce qu'en France on a le nucléaire. Alors, il faut savoir ce qu'on veut : est-ce qu'on veut des centrales au charbon ? Est-ce qu'on veut supprimer le nucléaire ? Il faut choisir, à moins qu'on ne veuille pas d'énergie du tout et qu'on souhaite revenir à l'âge de pierre. Il faut le dire aussi, dans ce cas-là. Dire : « L'électrique, c'est l'avenir », oui, peut-être, mais tout dépend de la manière dont on produit l'électricité, si c'est avec des centrales nucléaires ou si c'est avec des centrales au charbon. Si on ne veut ni l'un ni l'autre, il faut savoir que, dans les hypothèses les plus optimistes, les énergies nouvelles – l'éolien, le photovoltaïque, la concentration solaire par miroir, etc. – ne représenteront pas plus de 4 % de la consommation énergétique mondiale en 2030. C'est-à-dire : *peanuts* ! Ces énergies alternatives, il faut évidemment y travailler, développer la recherche, mais ce n'est pas pour 2025 ou 2030, c'est pour beaucoup plus tard. On va donc dans le mur en klaxonnant et à toute vitesse. Malheureusement, c'est le marché qui va réguler, c'est-à-dire l'augmentation des prix des matières premières. Dans le même temps, ou à peu près, d'ici à 2020, le monde émettra 40 milliards de tonnes de CO_2, soit le double des engagements pris dans ces sommets écologistes qui, encore une fois, ne servent décidément à rien, sauf à faire voyager nos hommes politiques, à polluer la planète et à dépenser notre argent.

Je vous donne un deuxième chiffre, très frappant lui aussi, et que j'emprunte également au texte de Patrick Artus : en Chine, l'industrie représente 48 % du PIB. En France, c'est 14 %, ce qui n'est pas bon pour nous. La Chine, à elle seule, consomme 50 % de la totalité des métaux produits dans le monde. Les BRICS (les pays émergents), à eux seuls, c'est 76 %. La Chine augmente sa consommation de métaux de 18 % par an, le monde entier de 40 % par an. On voit bien que c'est intenable, qu'en 2025/2030 on aura une crise majeure sur le cuivre, l'acier, le zinc, le nickel, l'uranium, peut-être déjà sur le pétrole, etc.

Alors, les écologistes disent qu'ils ne veulent ni du nucléaire, ni du gaz de schiste, ni des centrales au charbon ? On peut quand même se demander pourquoi. La vraie réponse, c'est que les plus radicaux veulent creuser le problème, faire la politique du pire pour en tirer si possible le meilleur, à savoir pour eux un sursaut vers la décroissance. C'est évidemment cela qu'ils ont en tête et je vais vous en donner quelques indices dans un instant. C'est une stratégie qui, d'ailleurs, n'est pas absurde, puisqu'elle consiste à dire au fond : on ne veut surtout pas de solution provisoire, de rustine – le gaz de schiste ne sera qu'une rustine, pour ne pas dire un placebo –, on veut au contraire creuser la crise écologique jusqu'au bout pour qu'on aille enfin vers une solution durable, vers un nouveau modèle de société et non pas vers cette imposture qu'on appelle le « développement durable ». C'est ça, leur stratégie.

FAIRE DÉCROÎTRE L'EMPREINTE ÉCOLOGIQUE

Car, face à notre antinomie – la croissance est intenable et la décroissance invendable –, la question que les écologistes se posent est au fond la suivante : puisqu'on ne parviendra jamais à la faire passer démocratiquement, ne faut-il pas imposer de force la décroissance ? Pour bien mesurer le sens de cette interrogation, il faut préciser ce qu'on entend au juste par la décroissance. La décroissance, nous dit Yves Cochet – toujours dans ce même livre où son intervention, au demeurant fort intéressante, est publiée –, peut être la décroissance économique. Quand on voit le cas de la Grèce, ça ne fait pas vraiment envie, on voit bien que c'est plutôt un malheur absolu. Ça peut être la décroissance des matières premières, c'est-à-dire leur épuisement. Cc n'cst évidemment pas ce que souhaitent les écologistes. Mais la décroissance peut être encore – et c'est ce qu'ils souhaitent – la décroissance de ce qu'on appelle l'« empreinte écologique ».

Qu'est-ce que l'empreinte écologique ? C'est un indice qui se mesure en hectares. C'est ce que le président Chirac a avancé dans l'un de ses sommets, celui de Johannesburg – je m'en souviens car j'étais ministre de son gouvernement à l'époque : si tout le monde consommait comme les Français, disait le président, il nous faudrait trois planètes. L'empreinte écologique de la France, c'est 5 hectares par habitant. Si la biocapacité de la Terre est de 1,2 hectare par habitant – je donne les chiffres des écologistes, là encore, les chiffres des manifestants, pas ceux de la police –, ça veut dire que les Français vivent trois à quatre fois au-dessus de leurs moyens, qu'ils pillent la planète, qu'ils entament le capital. Et vous voyez bien ce que ça signifie : c'est que, à la limite, le tiers-monde, dans quelques années, sera habilité à reprocher aux pays occidentaux d'avoir pris plus que leur part et d'avoir ainsi engendré ce que certains écologistes n'hésitent pas à appeler des « crimes contre l'humanité ». Ce n'est pas ce qu'on produit au-delà du capital qu'on consomme, mais c'est le capital lui-même, donc, c'est intenable. Il faut par conséquent imposer d'une manière ou d'une autre la décroissance de l'empreinte écologique.

« L'empreinte écologique de la France est de 5 hectares par habitant. Ce qui signifie que trois planètes seraient nécessaires si tout le monde consommait comme les Français. »

Mais justement, il est impossible de le faire démocratiquement, car la décroissance est invendable. Et je voudrais vous citer justement les propos d'Yves Cochet, quand, dans le débat qui suit son intervention dans notre séminaire du Conseil de l'analyse de la société, je lui pose clairement la question : « Comment fais-tu pour vendre la décroissance, parce que la décroissance de l'empreinte écologique n'ira pas sans décroissance économique et sociale, sans stopper le développement économique, ce qui supposerait qu'on change de modèle, qu'on sorte du capitalisme. Mais pour aller vers quoi ? » Cochet m'a fait une réponse fort honnête, et je la cite, parce que je ne veux pas caricaturer ses propos ni ironiser à bon compte :

> Je ne crois pas que le changement puisse résulter du fait que je me présente aux élections en mettant au programme la décroissance, en proposant une réforme, un projet de loi. Cela ne se passera pas comme cela. Il faut que se produise une vraie catastrophe humaine. Sous quelle forme ? Je n'en sais rien. Et l'on verra alors un Churchill, un Roosevelt, un de Gaulle se lever et dire : « Voilà ce que je propose » et il faudra serrer les boulons. [Là, on voit ce que j'appelle l'écologie punitive.] À ce moment-là, tout changera. Ford, en 1941, produisait 1,5 million de voitures ; en 1942, plus aucune. [C'est au prix du nazisme et de la guerre qu'on stoppa la croissance. Donc, évidemment, si c'est ce qu'on appelle de

ses vœux, ou si c'est le seul moyen d'arriver à une politique de décroissance, le prix en est quand même extraordinairement élevé. Et Yves Cochet, je n'ironise pas, en est bien conscient.] C'est malheureusement ce qu'il risque d'arriver compte tenu de l'aveuglement de nos politiques. Je ne sais pas quand cela va arriver, mais je suis sûr que cela arrivera. Mon ami Jean Gadrey, un économiste qui a écrit un livre sur la fin de la croissance, imagine que l'on pourra projeter un modèle de décroissance joyeuse et de sobriété prospère qui donnera envie aux gens d'adhérer au projet. On promouvra les biens immatériels, l'amour, Mozart, plutôt que les biens matériels. C'est un projet sympathique, mais ce n'est pas ainsi que les choses se passent en politique. Il faut qu'il y ait un désordre social, pour ne pas dire un chaos ou une guerre civile, pour que se produise un sursaut. Je crois en la théorie du sursaut, car aucune population ne se laisse mourir en se disant que c'est la fin du monde. Apparaîtront peut-être alors des leaders, des gens avertis et déterminés. Cela peut aussi, malheureusement, se passer du côté de l'extrême droite, sur l'air du « tous pourris ». Ce qui me paraît certain, en tout cas, c'est qu'un bouleversement politique se produira dans les dix années qui viennent.

C'est ce que les Allemands appellent *Schadenfreude* (la joie prise au malheur, à la catastrophe). Au fond, les écologistes – c'est leur logique, je n'ironise pas, je ne dis pas que c'est forcément absurde – appellent de leurs vœux une catastrophe absolue pour qu'on prenne enfin conscience de la situation et qu'on réagisse sur le mode du fameux coup de pied au fond de la piscine qui permet de remonter. Je ne partage évidemment pas cette idée. Je pense que la croissance verte est possible et que le développement durable n'est pas, comme le dit Yves Cochet, une imposture totale.

Conclusion : quatre pistes pour sortir de la crise et résoudre l'antinomie

Il y a quatre pistes de solution que je voudrais évoquer en guise de conclusion, mais je ne ferai évidemment, faute de temps, que les effleurer.

La piste démographique

La première, c'est la piste démographique. Nous sommes trop nombreux et nous sommes surtout trop nombreux dans le système capitaliste. Ce qui ne veut évidemment pas dire qu'il faut, comme le commandant Cousteau, plaider pour ne pas soigner les Africains, pour ne pas chasser le microbe ou le virus dans le tiers-monde ; ni qu'il faille non plus sortir les mitrailleuses lourdes pour décimer les populations. Mais il faut observer une chose, intéressante sur le plan démographique, c'est que dans tous les pays qui ont construit des États démocratiques développés, ce qu'on appelle des États-providence, la démographie baisse. L'Allemagne, qui est le pays le plus développé d'Europe, l'État-providence le plus perfectionné du monde, beaucoup plus que les États-Unis ou même que le Canada, est aussi l'un des pays dans lesquels la démographie est la plus faible. Ce n'est évidemment pas un hasard : il y a un lien entre développement économique, développement démocratique, développement de l'État-providence et baisse de la démographie. Le phénomène tient aussi à ce que j'ai appelé la « révolution de l'amour », l'invention de la famille moderne : quand on aime ses enfants sur ce modèle, on veut pouvoir s'en occuper, on n'en a pas dix, mais plutôt deux ou trois, car on veut pouvoir leur donner une éducation attentive, une éducation qui est aussi coûteuse. On assiste donc à une réduction presque naturelle de la démographie dans les États-providence.

Le recyclage

Deuxième point : il faut – c'est une piste très prometteuse – passer enfin d'une civilisation du jetable, du linéaire, à une civilisation du recyclage, du circulaire. Souvenez-vous que, dans les années 1950, quand on inventait le briquet jetable ou le stylo jetable, on était ravi. On n'avait aucune notion d'économie de la planète. Recycler, c'est évidemment l'avenir. Aujourd'hui, on est capable non seulement de fabriquer du plastique à partir de pétrole, mais il y a aussi des firmes qui se développent pour faire le schéma inverse, pour fabriquer du pétrole à partir du plastique. C'est un exemple infime, bien entendu, mais qui a ici valeur d'exemple.

L'innovation

Ce qui nous conduit vers une troisième piste, celle de l'innovation. Je pense que l'innovation sauvera le monde. Peut-être pas d'ici 2020 ou 2030, là, on peut être relativement pessimiste : comme je l'ai suggéré déjà, c'est le marché qui va réguler la consommation des matières premières par l'augmentation des prix, mais après, des innovations se profilent qui permettront de faire vivre la population mondiale si elle se stabilise. Pour prendre, là encore, un seul exemple emblématique, si on remplaçait les ampoules traditionnelles par des LED – des électroluminescents –, c'est, d'un seul coup, en vingt-quatre heures, six cent mille centrales électriques qu'on pourrait économiser dans le monde. Les écologistes ne veulent ni du nucléaire, ni du gaz de schiste, ni du charbon, mais rappelons quand même qu'aux États-Unis le gaz de schiste, c'est bientôt cinq millions d'emplois, et c'est ce qui va faire baisser le prix du pétrole sur toute la planète et qui va donner du même coup une certaine autosuffisance aux États-Unis en matière énergétique. Les écologistes refusent systématiquement ce type de solution, à vrai dire tout ce qui permet de continuer à se développer, parce qu'ils sont catastrophistes au sens de cette *Schadenfreude* que j'évoquais. Pour eux, le gaz de schiste n'est qu'une rustine et il vaut mieux aller vers le pire pour que, encore une fois, on touche le fond et qu'on puisse remonter vers la surface.

NÉCESSITÉ D'UNE INSTANCE DE RÉGULATION MONDIALE

Et puis, il faudra – c'est un quatrième point important – améliorer les institutions démocratiques. Je voudrais terminer avec ça : améliorer les institutions démocratiques, sur le plan national comme sur le plan mondial. Il faut qu'au niveau national on construise enfin un véritable comité de sages pour l'environnement, non pas un comité de militants écologistes comme le GIEC, mais de scientifiques – je le demande depuis vingt ans, j'avais réussi à convaincre Alain Juppé de le mettre en place, mais son gouvernement a malheureusement sauté juste avant – qui soient chargés de dire au fond ceci : voilà les sujets dont nous savons qu'ils sont réels, préoccupants ; voilà les sujets dont nous savons qu'ils sont fictifs et voilà ceux qui sont indécidables encore aujourd'hui. Il faudrait qu'on puisse savoir enfin ce qui est certain, en bien ou en mal, et ce qui est indécidable. Il faut pour cela créer un véritable conseil scientifique qui soit capable d'animer le débat public. Je pense que c'est nécessaire, de même qu'il me paraît nécessaire, au niveau mondial, d'aller non pas vers un gouvernement mondial, qui n'a pas de sens, mais vers des instances de gouvernance mondiale, c'est-à-dire des instances de régulation, sur le modèle par exemple du FMI, qui est bien une instance de régulation. C'est une utopie, bien sûr, mais en même temps une utopie qui devient réaliste parce qu'elle est devenue tout simplement une nécessité absolue, de sorte qu'elle commence à avoir des chances de se réaliser un jour. Pour reprendre l'exemple de la taxe carbone, une taxe carbone qui serait décidée, non pas au niveau de la France, mais au niveau de l'ensemble de l'Occident, aurait un sens.

En finir avec l'écologie punitive

Je terminerai par un dernier point : je pense que vous aurez bien compris que ce que j'appelle de mes vœux, c'est une écologie positive, une écologie qui soit intégrée à l'économie. Il n'y a que quand l'écologie sera intégrée à l'économie qu'elle donnera des effets réels. L'écologie punitive, l'écologie de la décroissance ne marchera jamais. Même s'il y a une catastrophe comme l'« espère » Yves Cochet, ça ne marchera pas. Il faut intégrer l'écologie à l'économie ; il ne faut pas qu'elle soit punitive ni liberticide, sinon elle restera marginale. À cet égard, il me semble que le seul point vraiment positif de ces mouvements écologistes, c'est d'avoir mis le doigt sur la question politique, qui est à mes yeux la question essentielle aujourd'hui et qui est liée à ce que j'ai appelé la « révolution de l'amour », à cette invention de la famille moderne, c'est-à-dire la question des générations futures. Je pense que, sur ce point, les écologistes ont fait un travail positif, un travail utile, en appelant l'attention des politiques sur cette question que je formulerai de la manière suivante : « Quel monde, nous les adultes, prendrons-nous la responsabilité de laisser aux générations futures, c'est-à-dire à nos enfants, à nos jeunes, à ceux que nous aimons le plus ? » Est-ce qu'on va leur préparer des catastrophes, par égoïsme, ou est-ce qu'on sera capable d'un peu d'altruisme, et donc de préparer l'avenir, de préparer *leur* avenir [7] ? Ce qui, d'ailleurs, n'est pas simplement la question de l'écologie, mais aussi celle de la dette publique, du choc des civilisations, de l'avenir de la protection sociale dans ce jeu de *dumping* qu'est la mondialisation.

« L'écologie punitive, l'écologie de la décroissance ne marchera jamais. Il n'y a que lorsque l'écologie sera intégrée à l'économie qu'elle donnera des effets réels. »

Les écologistes ont eu le mérite de mettre au centre du débat politique cette problématique du monde qui vient, cette problématique de la jeunesse, des générations futures. Je l'ai dit dans d'autres leçons, donc je n'y reviens pas longuement : à droite, c'est l'idée de nation qui a animé la vie politique depuis la Révolution française ; à gauche, c'était l'idée de révolution. Je pense que ces deux idées, nationaliste d'un côté, révolutionnaire de l'autre, sont très largement mortes dans la vieille Europe, en tout cas dans l'Europe démocratique des États-providence. Je pense que le nationalisme, tel qu'il existait au temps de nos deux guerres mondiales, a fort heureusement disparu. Il n'est plus guère présent que dans les partis d'extrême droite, et encore, de manière ultraminoritaire. De l'autre côté, l'idée révolutionnaire, sous la forme du maoïsme ou du trotskisme, a complètement disparu, elle n'est plus présente que dans des partis d'extrême gauche qui sont, là aussi, fort heureusement ultraminoritaires. Or, ce que nous vivons, ce n'est pas le désenchantement du monde, l'ère du vide ou la mélancolie démocratique, ce que nous vivons, c'est le remplacement de ces idéaux mortifères – le nationalisme à droite, la révolution à gauche – par cette problématique nouvelle des générations futures et de la gouvernance mondiale – c'est, au fond, la même –, que les écologistes ont eu le mérite d'introduire. C'est, là, un coup de chapeau que je leur rends. Elle est à mes yeux, comme je vous l'ai expliqué dans des leçons précédentes, le symbole de cette rencontre entre l'histoire de la vie privée, l'histoire de la famille moderne, et la grande Histoire, celle de la vie publique, collective et politique. C'est finalement sur cette rencontre, sur cette croisée des chemins, que les écologistes ont bâti cette problématique des générations futures, qui me paraît être politiquement, par-delà nos désaccords, la plus pertinente aujourd'hui.

EXTRAITS

1. Heuristique de la peur

Hans Jonas, *Le Principe responsabilité* [1979], trad. Jean Greisch, Paris, Flammarion, « Champs essais », II, p. 65-67.

De même que nous ignorerions le caractère sacré de la vie si l'on ne tuait pas, et que le commandement « Tu ne tueras pas » ne ferait pas apparaître ce caractère sacré ; et que nous ignorerions la valeur de la véracité s'il n'y avait pas de mensonge, la liberté s'il n'y avait pas d'absence de liberté et ainsi de suite, de même aussi dans notre cas d'une éthique encore à chercher de la responsabilité à longue distance qu'aucune transgression actuelle n'a déjà révélée maintenant dans la réalité, c'est seulement la *prévision* d'une *déformation* de l'homme qui nous procure le concept de l'homme qu'il s'agit de prémunir et nous avons besoin de la *menace* contre l'image de l'homme – et de types tout à fait spécifiques de menace – pour nous assurer d'une image vraie de l'homme grâce à la frayeur émanant de cette menace. Tant que le péril est inconnu, on ignore ce qui doit être protégé et pourquoi il le doit : contrairement à toute logique et toute méthode le savoir à ce sujet procède de ce contre quoi il faut se protéger. C'est ce péril qui nous apparaît d'abord et nous apprend par la révolte du sentiment qui devance le savoir à voir la valeur dont le contraire nous affecte de cette façon. Nous savons *ce qui* est en jeu lorsque nous savons *que* cela est en jeu.

Car il en va ainsi de nous : la reconnaissance du *malum* nous est infiniment plus facile que celle du *bonum* ; elle est plus immédiate, plus contraignante, bien moins exposée aux différences d'opinion et surtout elle n'est pas recherchée : la simple présence du mal nous l'impose alors que le bien peut être là sans se faire remarquer et peut rester inconnu en l'absence de réflexion (celle-ci réclamant des raisons spéciales). Par rapport au mal nous ne sommes pas dans l'incertitude ; la certitude par rapport au bien nous ne l'obtenons en règle générale que par le détour de celui-ci. Il est douteux que quelqu'un eût jamais fait l'éloge de la santé sans au moins le spectacle de la maladie, celui de la probité sans celui de la canaillerie et celui de la paix sans être averti de la misère de la guerre. Nous savons beaucoup plus tôt ce dont nous ne voulons *pas* que ce que nous voulons. C'est pourquoi la philosophie morale doit consulter nos craintes préalablement à nos désirs, afin de déterminer ce qui nous tient réellement à cœur ; et même si ce que nous craignons le plus n'est pas nécessairement ce qui est le plus à craindre et que son contraire est, moins nécessairement encore, le bien suprême (qui peut être entièrement indépendant de l'opposition à un mal), donc bien que l'heuristique de la peur ne soit certainement pas le dernier mot dans la quête du bien, elle est pourtant un premier mot extrêmement utile et sa capacité devrait être pleinement exploitée dans un secteur où si peu de mots nous sont accordés sans avoir été cherchés.

2. Le gouvernement par la peur

Machiavel, *Le Prince* [1513], trad. Yves Lévy, Paris, GF-Flammarion, XVII, p. 137-138.

Il faut […] qu'un prince ne se soucie pas d'avoir le mauvais renom de cruel, pour tenir ses sujets unis et fidèles : car avec très peu d'exemples il sera plus pitoyable que ceux qui, par excès de pitié, laissent se poursuivre les désordres, d'où naissent meurtres et rapines ; car ceux-ci d'ordinaire nuisent à une collectivité entière, et les exécutions qui viennent du prince nuisent à un particulier. Et parmi tous les princes, c'est au prince nouveau qu'il est impossible d'éviter le nom de cruel, parce que les États nouveaux sont pleins de périls. […]

Toutefois, il ne doit pas croire ni agir à la légère, ni se faire peur à lui-même, et procéder d'une façon tempérée par la sagesse de l'humanité, de peur que trop de confiance ne fasse de lui un imprudent, que trop de défiance ne le rende intolérable.

De là naît une dispute : s'il est meilleur d'être aimé que craint, ou l'inverse. On répond qu'on voudrait être l'un et l'autre ; mais comme il est difficile de les marier ensemble, il est beaucoup plus sûr d'être craint qu'aimé, quand on doit manquer de l'un des deux. Des hommes, en effet, on peut dire généralement ceci : qu'ils sont ingrats, changeants, simulateurs et dissimulateurs, ennemis des dangers, avides de gain ; et tant que tu leur fais du bien, ils sont tout à toi, t'offrent leur sang, leurs biens, leur vie, leurs enfants, comme j'ai dit plus haut, quand le besoin est lointain ; mais quand il s'approche de toi, ils se dérobent. Et le prince qui s'est entièrement reposé sur leurs paroles, se trouvant dénué d'autres préparatifs, succombe ; car les amitiés qui s'acquièrent à prix d'argent, et non par grandeur et noblesse d'âme, on les paye, mais on ne les possède pas, et quand les temps sont venus, on ne peut les dépenser. Et les hommes hésitent moins à nuire à un qui se fait aimer qu'à un qui se fait craindre ; car l'amour est maintenu par un lien d'obligation qui, parce que les hommes sont méchants, est rompu par toute occasion de profit particulier ; mais la crainte est maintenue par une peur de châtiment qui ne t'abandonne jamais.

3. Le principe d'utilité

Jeremy Bentham, *Traités de législation civile et pénale* [1802], t. I, Paris, Rey et Gravier, 1830, « Principes de législation », I, p. 3-6.

La nature a placé l'homme sous l'empire du *plaisir* et de la *douleur*. Nous leur devons toutes nos idées ; nous leur rapportons tous nos jugements, toutes les déterminations de notre vie. Celui qui prétend se soustraire à cet assujettissement ne sait pas ce qu'il dit : il a pour unique objet de chercher le plaisir, d'éviter la douleur, dans le moment même où il se refuse aux plus grands plaisirs, et où il embrasse les plus vives douleurs. Ces sentiments éternels et irrésistibles doivent être la grande étude du moraliste et du législateur. Le *principe de l'utilité* subordonne tout à ces deux mobiles.

« Utilité » est un terme abstrait. Il exprime la propriété ou la tendance d'une chose à préserver de quelque mal ou à procurer quelque bien. « Mal », c'est peine, douleur ou cause de douleur. « Bien », c'est plaisir ou cause de plaisir. Ce qui est conforme à l'utilité ou à l'intérêt d'un individu, c'est ce qui tend à augmenter la somme totale de son bien-être. Ce qui est conforme à l'utilité ou à l'intérêt d'une communauté, c'est ce qui tend à augmenter la somme totale du bien-être des individus qui la composent. [...]

La *logique de l'utilité* consiste à partir du calcul, ou de la comparaison des peines et des plaisirs dans toutes les opérations du jugement, et à n'y faire entrer aucune autre idée.

Je suis partisan du *principe de l'utilité*, lorsque je mesure mon approbation ou ma désapprobation d'un acte privé ou public sur sa tendance à produire des peines et des plaisirs ; lorsque j'emploie les termes *juste*, *injuste*, *moral*, *immoral*, *bon*, *mauvais*, comme des termes collectifs qui renferment des idées de certaines peines et de certains plaisirs, sans leur donner aucun autre sens : bien entendu que je prends ces mots, *peine* et *plaisir*, dans leur signification vulgaire, sans inventer des définitions arbitraires pour donner l'exclusion à certains plaisirs ou pour nier l'existence de certaines peines. Point de subtilité, point de métaphysique ; il ne faut consulter ni Platon ni Aristote. *Peine* et *plaisir*, c'est ce que chacun sent comme tel, le paysan ainsi que le prince, l'ignorant ainsi que le philosophe.

Pour le partisan du *principe de l'utilité*, la vertu n'est un bien qu'à cause des plaisirs qui en dérivent : le vice n'est un mal qu'à cause des peines qui en sont la suite. Le bien moral n'est *bien* que par sa tendance à produire des biens physiques : le mal moral n'est *mal* que par sa tendance à produire des maux physiques ; mais quand je dis « physiques », j'entends les peines et les plaisirs de l'âme, aussi bien que les peines et les plaisirs des sens. J'ai en vue l'homme tel qu'il est dans sa constitution actuelle.

Si le partisan du principe de l'utilité trouvait, dans le catalogue banal des vertus, une action dont il résultât plus de peines que de plaisirs, il ne balancerait pas à regarder cette prétendue vertu comme un vice ; il ne s'en laisserait point imposer par l'erreur générale ; il ne croirait pas légèrement qu'on soit fondé à employer de fausses vertus pour le maintien des véritables.

S'il trouvait aussi dans le catalogue banal des délits quelque action indifférente, quelque plaisir innocent, il ne balancerait pas à transporter ce prétendu délit dans la classe des actes légitimes ; il accorderait sa pitié aux prétendus criminels, et il réserverait son indignation pour les prétendus vertueux qui les persécutent.

4. L'hypothèse Gaïa

James Lovelock, *La Terre est un être vivant. L'hypothèse Gaïa* [1979], Paris, Flammarion, « Champs essais », 1993, Préface, p. 16-17.

Le concept de la Terre Mère, ou Gaïa, ainsi que les Grecs la baptisèrent autrefois, est l'un des plus importants parmi ceux que l'homme a formulé tout au long de son histoire. Sur lui s'est fondée une croyance dont les grandes religions sont encore porteuses. L'accumulation d'informations relatives à l'environnement naturel et le développement de la science de l'écologie nous ont amenés à spéculer que la biosphère pourrait être plus que l'ensemble de tous les êtres vivants évoluant dans leur habitat naturel : terre, eau, air. Lorsque les astronautes peuvent contempler de visu le spectacle de la Terre se détachant dans toute sa splendeur sur les ténèbres profondes de l'espace, ils éprouvent un indicible émerveillement, une intense émotion – que nous pouvons partiellement partager grâce aux moyens de télécommunication : en cette émotion, n'est-ce pas la fusion, la synthèse de la foi antique en la Terre Mère et du savoir astrophysique qui s'accomplit ? Or cette sensation, aussi puissante soit-elle, ne prouve toutefois pas que la Terre Mère vit. Il s'agit, à l'instar d'un dogme religieux, d'une donnée qu'il est impossible de prouver de manière scientifique et qui n'autorise donc aucune rationalisation ultérieure.

Les voyages spatiaux firent plus que modifier notre perception de notre Terre. Ils fournirent une information relative à son atmosphère et à sa surface qui favorisa une compréhension nouvelle des interactions entre les parties vivantes et inorganiques de la planète. De celle-ci est née l'hypothèse suggérant que la matière organique, l'air, les océans, et la surface terrestre de la Terre forment un système complexe susceptible d'être appréhendé comme un organisme unique et ayant le pouvoir de préserver les caractéristiques vitales de notre planète.

5. L'homme, partie intégrante de la nature

James Lovelock, *La Terre est un être vivant. L'hypothèse Gaïa* [1979], *ibid.*, Épilogue, p. 170-171.

Si nous faisons partie de Gaïa, il devient intéressant de se demander : « Dans quelle mesure notre intelligence collective est-elle aussi partie de Gaïa ? Est-ce qu'en tant qu'espèce nous constituons un système nerveux gaïen et un cerveau capable d'anticiper consciemment les modifications de l'environnement ? »

Que cela nous plaise ou non, nous commençons déjà à fonctionner ainsi. Considérons, par exemple, une de ces mini-planètes, telles qu'Icare, qui ne mesure qu'un mile environ de diamètre et dont l'orbite irrégulière coupe celle de la Terre. Un jour les astronomes sont susceptibles de nous avertir que l'une d'entre elles risque d'entrer en collision avec la Terre et que l'impact est censé se produire disons dans quelques semaines. Le dommage potentiel d'une telle rencontre risque de s'avérer grave, même pour Gaïa. La Terre a probablement connu ce type d'accident par le passé et a subi une dévastation majeure. Notre technologie nous permettra peut-être de nous prémunir, ainsi que notre planète, contre un tel désastre. Il ne fait aucun doute que nous disposons de la capacité d'envoyer des objets dans l'espace sur de vastes distances et d'exercer un contrôle à distance de leurs mouvements avec une précision quasi miraculeuse. Des calculs ont établi qu'en utilisant certaines de nos bombes à hydrogène transportées par des fusées nous serions en mesure d'infléchir la trajectoire d'un planétoïde tel qu'Icare de manière telle qu'une collision certaine soit évitée. Si cela paraît relever de la science-fiction nous devrions nous souvenir que la science-fiction d'hier est devenue, en l'espace d'une vie d'homme, la science d'aujourd'hui.

Il se peut également que les progrès réalisés en matière de climatologie révèlent l'approche d'une époque glaciaire particulièrement grave. Nous avons vu [...] que bien qu'une nouvelle ère glaciaire risque d'être un désastre à notre niveau, elle constituerait un problème relativement mineur pour Gaïa. Cependant, si nous acceptons notre rôle en tant que partie intégrante de Gaïa, notre inconfort est également ressenti par cette dernière et la menace de glaciation constitue donc un danger partagé. Une action possible, et qui entre dans l'ordre de possibilité de notre industrie, consisterait à libérer dans l'atmosphère de grandes quantités de fluorocarbones. Si ces substances controversées, présentes à l'heure actuelle dans l'atmosphère à raison d'une part pour mille millions, étaient portées à une concentration de plusieurs parts pour mille millions, elles formeraient, à l'instar du dioxyde de carbone, un « effet serre » qui empêcherait la fuite de chaleur de la Terre vers l'espace. Leur présence serait susceptible d'inverser complètement le début d'une glaciation, ou tout au moins d'en diminuer considérablement la gravité. Qu'elles engendrent pendant un certain temps quelque dommage à la couche d'ozone paraîtra alors un problème mineur en comparaison du désastre évité.

Ce qui précède ne constitue que deux exemples de mesures d'urgence à grande échelle que nous pourrions être amenés à prendre un jour pour aider Gaïa. Encore plus importante est l'implication du fait que l'évolution de l'*homo sapiens*, avec son inventivité technologique et son réseau de communication de plus en plus subtil, a considérablement accru le champ de perception de Gaïa. Grâce à nous elle est désormais éveillée et consciente d'elle-même. Elle a vu le reflet de son beau visage à travers les yeux des astronautes et des caméras de télévision des vaisseaux spatiaux en orbite. Il ne fait aucun doute qu'elle partage nos sensations d'émerveillement et de plaisir, notre capacité à penser et à spéculer de manière consciente et notre curiosité insatiable. Cette nouvelle relation entre l'homme et Gaïa n'est pas encore pleinement établie ; nous ne sommes pas encore une espèce vraiment collective, enfermée et domptée, partie intégrante de la biosphère, comme nous le sommes en tant que créatures individuelles. Il se peut que la destinée de l'humanité soit d'être apprivoisée, de sorte que les forces féroces, destructrices et cupides du tribalisme et du nationalisme se fondent en un besoin compulsif d'appartenir à la communauté de toutes les créatures qui constituent Gaïa. D'aucuns verront dans cette évolution une soumission, mais je crois que les récompenses, se manifestant sous la forme d'un sentiment accru de bien-être et de plénitude, engendrées par le fait de savoir que nous sommes une partie dynamique d'une entité beaucoup plus grande, compenseraient largement la perte de la liberté tribale.

6. Le contrat naturel

Michel Serres, *Le Contrat naturel* [1990], Paris, Flammarion, « Champs essais », 1992, p. 62-67.

Les philosophes du droit naturel moderne font parfois remonter notre origine à un contrat social que nous aurions, au moins virtuellement, passé entre nous pour entrer dans le collectif qui nous fit les hommes que nous sommes. Étrangement muet sur le monde, ce contrat, disent-ils, nous fit quitter l'état de nature pour former la société. À partir du pacte, tout se passe comme si le groupe qui l'avait signé, en appareillant du monde, ne s'enracinait plus que dans son histoire.

On dirait la description, locale et historique, de l'exode rural vers les villes. Elle signifie en clair qu'à partir de là nous avons oublié ladite nature, désormais lointaine, muette, inerte, retirée, infiniment loin des cités ou des groupes, de nos textes et de la publicité. Entendez par ce dernier mot l'essence du public qui fait désormais celle des hommes.

Les mêmes philosophes appellent droit naturel un ensemble de règles qui existeraient en dehors de toute formulation ; parce que, universel, il découlerait de la nature humaine ; source des lois positives, il suit de la raison en tant qu'elle gouverne tous les hommes.

La nature se réduit à la nature humaine qui se réduit soit à l'histoire, soit à la raison. Le monde a disparu. Le droit naturel moderne se distingue du classique par cette annulation. Reste aux hommes suffisants leur histoire et leur raison. Curieusement celle-ci acquiert dans le domaine juridique un statut assez voisin de celui qu'elle avait acquis dans les sciences : elle a tous les droits parce qu'elle fonde le droit.

Nous avons célébré, en France, le bicentenaire de la Révolution, et, par la même occasion, celui de la Déclaration des droits de l'homme, expressément issus, dit son texte, du droit naturel.

Comme le contrat social, elle ignore et passe sous silence le monde. Nous ne le connaissons plus parce que nous l'avons vaincu. Qui respecte les victimes ? Or ladite déclaration fut prononcée au nom de la nature humaine et en faveur des humiliés, des misérables, de ceux qui, exclus, vivaient dehors, à l'extérieur, plongés corps et biens dans les vents et sous la pluie, dont le temps de la vie qui s'écoule se pliait au temps qu'il fait, de ceux qui ne jouissaient d'aucun droit, des perdants à toutes les guerres imaginables et qui ne possédaient rien.

Monopolisée par la science et l'ensemble des techniques associées au droit de propriété, la raison humaine a vaincu la nature extérieure, dans un combat qui dure depuis la préhistoire, mais qui s'accéléra de façon sévère à la révolution industrielle, à peu près contemporaine de celle dont nous célébrons le bicentenaire, l'une technique, l'autre politique. Une fois de plus, il nous faut statuer sur les vaincus, en écrivant le droit des êtres qui n'en ont pas.

Nous pensons le droit à partir d'un sujet de droit, dont la notion s'étendit progressivement. N'importe qui, jadis, ne pouvait y accéder : la Déclaration des droits de l'homme et du citoyen donna la possibilité à tout homme en général d'accéder à ce statut de sujet du droit. Le contrat social, du coup, s'achevait, mais se fermait sur soi, laissant hors-jeu le monde, collection énorme de choses réduites au statut d'objets passifs de l'appropriation. Raison humaine majeure, nature extérieure mineure. Le sujet de la connaissance et de l'action jouit de tous les droits et ses objets d'aucun.

Ils n'ont encore accédé à aucune dignité juridique. Ce pour quoi, depuis, la science a tous les droits.

Voilà pourquoi nous vouons nécessairement les choses du monde à la destruction. Maîtrisées, possédées, du point de vue épistémologique, mineures dans la consécration prononcée par le droit. Or, elles nous reçoivent comme des hôtesses, sans lesquelles, demain, nous devrons mourir. Exclusivement social, notre contrat devient mortifère, pour la perpétuation de l'espèce, son immortalité objective et globale.

Qu'est-ce que la nature ? D'abord l'ensemble des conditions de la nature humaine elle-même, ses contraintes globales de renaissance ou d'extinction, l'hôtel qui lui donne logement, chauffage et table ; de plus elle les lui ôte dès qu'il en abuse. Elle conditionne la nature humaine qui, désormais, la conditionne à son tour. La nature se conduit comme un sujet. [...]

Il faut donc procéder à une révision déchirante du droit naturel moderne qui suppose une proposition informulée, en vertu de laquelle l'homme, individuellement ou en groupe, peut seul devenir sujet du droit. [...] La Déclaration des droits de l'homme a eu le mérite de dire : « tout homme » et la faiblesse de penser : « seuls les hommes » ou les hommes seuls. Nous n'avons encore dressé aucune balance où le monde entre en compte, au bilan final.

Les objets eux-mêmes sont sujets de droit et non plus simples supports passifs de l'appropriation, même collective. [...] Si les objets eux-mêmes deviennent sujets de droit, alors toutes les balances tendent vers un équilibre.

Il existe un ou plusieurs équilibres naturels, décrits par les mécaniques, les thermodynamiques, la physiologie des organismes, l'écologie ou la théorie des systèmes ; les cultures ont inventé de même un ou plusieurs équilibres de type humain ou social, décidés, organisés, gardés par les religions, les droits ou les politiques. Il nous manque de penser, de construire et de mettre en œuvre un nouvel équilibre global entre ces deux ensembles.

Car les systèmes sociaux, compensés en eux-mêmes et fermés sur eux, pèsent de leur poids nouveau, de leurs relations, objets-mondes et activités, sur les systèmes naturels par eux-mêmes compensés, de même qu'autrefois les seconds faisaient courir des risques aux premiers, à l'âge où la nécessité l'emportait en puissance sur les moyens de la raison.

Aveugle et muette, la fatalité naturelle négligeait alors de passer contrat exprès avec nos ancêtres écrasés par elle : nous voici, à ce jour, assez vengés de cet archaïque abus par un abus moderne réciproque. Il nous reste à penser une nouvelle balance, délicate, entre ces deux ensembles de balances. Le verbe penser, proche de compenser, ne connaît pas, que je sache, d'autre origine que cette juste pesée. Voilà ce qu'aujourd'hui nous nommons pensée. Voilà le droit le plus général pour les systèmes les plus globaux.

Dès lors, dans le monde reviennent les hommes, le mondain dans le mondial, le collectif dans le physique, un peu comme à l'époque du droit naturel classique, mais avec pourtant de grandes différences, qui tiennent toutes au passage récent du local au global et au rapport renouvelé que nous entretenons désormais avec le monde, notre maître jadis et naguère notre esclave, toujours notre hôte en tous cas, maintenant notre symbiote.

Retour donc à la nature ! Cela signifie : au contrat exclusivement social ajouter la passation d'un contrat naturel de symbiose et de réciprocité où notre rapport aux choses laisserait maîtrise et possession pour l'écoute admirative, la réciprocité, la contemplation et le respect, où la connaissance ne supposerait plus la propriété, ni l'action la maîtrise, ni celles-ci leurs résultats ou conditions stercoraires. Contrat d'armistice dans la guerre objective, contrat de symbiose : le symbiote admet le droit de l'hôte, alors que le parasite – notre statut actuel – condamne à mort celui qu'il pille et qu'il habite sans prendre conscience qu'à terme il se condamne lui-même à disparaître.

Le parasite prend tout et ne donne rien ; l'hôte donne tout et ne prend rien. Le droit de maîtrise et de propriété se réduit au parasitisme. Au contraire, le droit de symbiose se définit par réciprocité : autant la nature donne à l'homme, autant celui-ci doit rendre à celle-là, devenue sujet de droit.

7. Fonder une nouvelle éthique

Hans Jonas, *Le Principe responsabilité* [1979], *op. cit.*, Préface, p. 15-17.

Le Prométhée définitivement déchaîné, auquel la science confère des forces jamais encore connues et l'économie son impulsion effrénée, réclame une éthique qui, par des entraves librement consenties, empêche le pouvoir de l'homme de devenir une malédiction pour lui. La thèse liminaire de ce livre est que la promesse de la technique moderne s'est inversée en menace, ou bien que celle-ci s'est indissolublement alliée à celle-là. Elle va au-delà du constat d'une menace physique. La soumission de la nature destinée au bonheur humain a entraîné par la démesure de son succès, qui s'étend maintenant également à la nature de l'homme lui-même, le plus grand défi pour l'être humain que son « faire » ait jamais entraîné. Tout en lui est inédit, sans comparaison possible avec ce qui précède, tant du point de vue de la modalité que du point de vue de l'ordre de grandeur : ce que l'homme peut faire aujourd'hui et ce que par la suite il sera contraint de continuer à faire, dans l'exercice irrésistible de ce pouvoir, n'a pas son équivalent dans l'expérience passée. Toute sagesse héritée, relative au comportement juste, était taillée en vue de cette expérience. Nulle éthique traditionnelle ne nous instruit donc sur les normes du « bien » et du « mal » auxquelles doivent être soumises les modalités entièrement nouvelles du pouvoir et de ses créations possibles. La terre nouvelle de la pratique collective, dans laquelle nous sommes entrés avec la technologie de pointe, est encore une terre vierge de la théorie éthique.

Dans ce vide (qui est en même temps le vide de l'actuel relativisme des valeurs) s'établit la recherche présentée ici. Qu'est-ce qui peut servir de boussole ? L'anticipation de la menace elle-même ! C'est seulement dans les premières lueurs de son orage qui nous vient du futur, dans l'aurore de son ampleur planétaire et dans la profondeur de ses enjeux humains, que peuvent être découverts les principes éthiques, desquels se laissent déduire les nouvelles obligations correspondant au pouvoir nouveau. Cela, je l'appelle « heuristique de la peur ». Seule la prévision de la déformation de l'homme nous fournit le concept de l'homme qui permet de nous en prémunir. Nous savons seulement *ce qui* est en jeu, dès lors *que* nous savons que cela est en jeu. Mais comme l'enjeu ne concerne pas seulement le sort de l'homme, mais également l'image de l'homme, non seulement la survie physique, mais aussi l'intégrité de son essence, l'éthique qui doit garder l'un et l'autre doit être non seulement une éthique de la sagacité, mais aussi une éthique du respect.

La fondation d'une telle éthique, qui ne reste plus liée au domaine immédiatement intersubjectif des contemporains, doit s'étendre jusqu'à la métaphysique, qui seule permet de se demander pourquoi des hommes doivent exister au monde : donc pourquoi vaut l'impératif inconditionnel de préserver leur existence pour l'avenir. L'aventure de la technologie, avec ses risques extrêmes, exige ce risque de la réflexion extrême. Une telle fondation est tentée ici, à l'encontre de la résignation positiviste-analytique de la philosophie contemporaine. Du point de vue ontologique sont déployées à nouveau les vieilles questions du rapport de l'être et du devoir, de la cause et de la finalité, de la nature et de la valeur, afin d'enraciner dans l'être, par-delà le subjectivisme des valeurs, le nouveau devoir de l'homme qui vient d'apparaître.

Mais le véritable thème est ce devoir nouvellement apparu lui-même que résume le concept de responsabilité. Sans doute n'est-ce pas un phénomène nouveau dans la moralité. La responsabilité n'a pourtant jamais eu un tel objet, de même qu'elle a peu occupé la théorie éthique jusqu'ici. Le savoir, aussi bien que le pouvoir, étaient trop limités pour incorporer l'avenir plus lointain dans la prévision, bien plus, pour inclure la planète entière dans la conscience de la causalité personnelle. Plutôt que de deviner vainement les conséquences tardives, relevant d'un destin inconnu, l'éthique se concentrait sur la qualité morale de l'acte momentané lui-même, dans lequel on doit respecter le droit du prochain qui partage notre vie. Sous le signe de la technologie par contre, l'éthique a affaire à des actes (quoique ce ne soient plus ceux d'un sujet individuel), qui ont une portée causale incomparable en direction de l'avenir et qui s'accompagnent d'un savoir prévisionnel qui, peu importe son caractère incomplet, déborde lui aussi tout ce qu'on a connu autrefois. Il faut y ajouter le simple ordre de grandeur des actions à long terme et très souvent également leur irréversibilité. Tout cela place la responsabilité au centre de l'éthique, y compris les horizons d'espace et de temps qui correspondent à ceux des actions.

BIBLIOGRAPHIE

Luc Ferry, *Le Nouvel Ordre écologique : l'arbre, l'animal et l'homme*, Paris, Grasset, 1992.

Luc Ferry *et al.*, *Querelles écologiques et choix politiques*, Paris, Odile Jacob, « Penser la société », 2011.

Hans Jonas, *Le Principe responsabilité. Une éthique pour la civilisation*, Paris, Flammarion, « Champs », 1998.

TABLE

Mise en page par Meta-systems
59100 Roubaix

Achevé d'imprimer en mars 2013
sur les presses de Grafica Veneta, Italie.

N° édition : L.01EHBN000622.N001